1日5分
ビジネス英語トレーニング

安達 洋・岩崎ゆり子

海外経験ゼロでも話せるようになる

SOGO HOREI PUBLISHING CO.,LTD.

■ ■ ■ はじめに ■ ■ ■

　日本のビジネスパーソンにとって、英語を使った仕事やコミュニケーションのスキルがいよいよ必要不可欠となってきました。少子高齢化など構造的な原因も多い国内市場の縮小、中国やインドに代表される新興国市場の急激な拡大など、あらゆる要素が規模の大小を問わず、日本企業やそこで働くビジネスパーソンにグローバル化を求めているように思います。楽天やユニクロといった企業が、英語を社内公用語にする動きはそれをストレートに反映させたものでしょう。

　これまでも「ビジネスパーソンにとって英語は必須のツール」と言われてきましたが、時勢はいよいよ「待ったなし」と言えるのではないでしょうか。少なくとも、英語を使えるビジネスパーソンと使えないビジネスパーソンとでは、いろいろな意味で今以上に大きな「格差」が生まれると思っています。

　本書の２人の著者は、ともに企業でビジネスパーソンとして働いた経験があり、現在は企業の英語研修講師をしています。
　企業研修の現場にいて感じるのは、ニュースで見る企業のグローバル化と現場とのギャップです。英語力にせよ、グローバルマインドにせよ、企業の上層部あるいはメディアに登場する一部のスタッフの「高邁な思い」と、実際に多数を占める社員の現実には大きな隔たりがあるように感じます。楽天やユニクロをはじめとするグローバル化の先駆的存在に敬意を表しつつも、私たち研修講師は現場の底上げに日々東奔西走しているのが現実です。
　企業が、全組織を挙げてグローバル化の波に乗るためには、

社員研修の内容を現場感覚に極力近づける必要があります。そのためには、まずは教材もリアルに作る必要があると考えました。業界や業種によって違いはあるにせよ、「仕事の考え方」という普遍的なところは、本書で十分つかんでいただけるかと思います。

また、日頃の講師指導においても、「語学の先生＝浮世離れした学者タイプ」という世間の認識に甘んじることなく、ビジネス経験の有無を問わず、企業家的な考え方を共有するよう日々努めています。むしろ、激動の時代は、中途半端なビジネス経験などかえって邪魔になるくらいで、私たち元ビジネスパーソンである著者も、過去の経験に安住せず、産業界や世界経済の変動に常にアンテナを張り巡らしながら、日々の指導コンテンツを改良し続けています。

ビジネス英語のゴールは、仕事での成功であり、商機獲得にあります。したがって、英語そのものは一定の範囲の表現を覚えてしまえば十分だと言えます。外国のビジネスパートナーがあなたを尊敬し、ときにあなたに畏怖を感じるときというのは、あなたの英語力ではなく、あなたが話す英語から透けてみえるその洞察力・事業センスのほうなのです。

日本人の英語コンプレックスを論じたり、欧米人や英語にほのかな憧れを抱く時代はもう終わりました。読者のみなさんには、ご自身の仕事を海外で通用させるためのツールとして、本書を最大活用していただけることを願ってやみません。日本人らしさが残る発音でまったくかまいません。本書で紹介しているフレーズを使って、まずは自分の考えを堂々と発言している姿を想像してみてください。外国人は、物怖じせず自分の考えを述べているあなたのその姿にきっと一目置いてくれるはずで

す。

　本書は多忙なビジネスパーソンが限られた時間を使って効果的にビジネス英語を学習していただくためにさまざまなコンテンツを用意しています。

　まず第1章では、ビジネス英語の学び方についていくつかのポイントを述べ、続く第2章では著者の経験に基づくビジネスシーンを素材にしたレッスンを付属CDの英語音声も使いながら学習していただきます。最後の第3章では、今や海外とのコミュニケーションで主流となったビジネスEメールの書き方、および論理性やわかりやすさが求められるビジネス文書（英語を使ったスピーチやプレゼンテーションにも通じます）のつくり方を多くのサンプルとともに説明しています。

　ビジネス英語をどう勉強してよいのかわからない方は、ぜひ本書を第1章からお読みください。第2章のレッスンは、最初は気負わず、1日5分ぐらいから始めてみましょう。各レッスンが複数のパートに区切ってありますから、5分で一通りのトレーニングを消化するための目安としてください。5分なら自宅でわざわざ学習時間を確保しなくても往復の通勤時間を使ってこなせるはずです。第3章は実際にビジネスEメールや文書を書く際に常に手元に置いてください。何度も使っていれば、いずれ本を見なくても自然に論理的なメールや文書が書けることでしょう。

　この本をきっかけに、英語を使ってどんどんビジネスで活躍できる日本人が増えることを願いつつ。

2011年2月　安達 洋・岩崎ゆり子

Contents

まえがき…3

第1章　ビジネス英語の学び方

1 ビジネス英語学習　7つのポイント…10

2 ビジネス英語とのつきあい方　7つのヒント…16

3 ビジネス英語　学習継続のための5つのアドバイス…24

第2章　1日5分ビジネス英語トレーニング

本書の構成…32

各レッスンの勉強のしかた（1日5分メニュー）…36

各レッスンの背景…37

各レッスンの登場人物…43

Lesson 1　情報で差をつける…46
展開チャート…48／Part 1…50／Part2…52／Part 3…54／Part 4…56／
すぐに使える表現10…58

Lesson 2　自己紹介で相手に自分を印象づけよう…60
展開チャート…62／Part 1…64／Part 2…66／Part 3…68／
すぐに使える表現10…70

Lesson 3　Eメールによるコミュニケーション…72
展開チャート…74／Part 1…76／Part 2…78／Part 3…80／
すぐに使える表現10…82

Lesson 4　会社紹介…84
展開チャート…86／Part 1…88／Part 2…90／Part 3…92／
すぐに使える表現10…94

Lesson 5　製品紹介…96
　展開チャート…98／Part 1 …100／Part 2 …102／Part 3 …104／
　すぐに使える表現10…106

Lesson 6　電話…108
　展開チャート…110／Part 1 …114／Part 2 …116／Part 3 …118／
　すぐに使える表現10…120

Lesson 7　プレゼンテーション…122
　展開チャート…124／Part 1 …126／Part 2 …128／Part 3 …130／
　Part 4 …132／すぐに使える表現10…134

Lesson 8　ディスカッション…136
　展開チャート…138／Part 1 …140／Part 2 …142／Part 3 …144／
　Part 4 …146／すぐに使える表現10…148

Lesson 9　交渉…152
　展開チャート…154／Part 1 …156／Part 2 …158／Part 3 …160／
　すぐに使える表現10…162

Lesson10　さまざまなライティング…164
　展開チャート…166／Part 1 …168／Part 2 …170／
　すぐに使える表現10…172

第3章　ビジネスEメールとビジネス文書の書き方

1　ビジネスEメールの書き方…178

2　わかりやすい英文作成3つのヒント…198

■装丁：折原カズヒロ
■カバー・本文イラスト：テンキ
■本文デザイン・組版：土屋和泉

第 1 章

ビジネス英語の学び方

1 ビジネス英語学習 7つのポイント

　英語学習が続くかどうかは、「必要性の強烈な自覚」があるかどうかにかかっています。企業研修の現場で日々働いている著者には、この点においてかなりの確信があります。企業研修では、やる気満々の社員はさておき、必要性の強烈な自覚がない社員にグローバルマインドを植えつけることのほうに、より多くのエネルギーが注がれているのが実情です。

　必要性の強烈な自覚を持たないビジネスパーソンを、英語の世界にスムーズに誘導していくには、2つの方法があります。1つは、実際に英語を使う場面を提示し、将来の必要性を想像させることです。もう1つは、どんな初級学習者でも消化可能な学習法を提示することです。

　本書の第2章のレッスンには、著者の実際の経験に基づくかなりリアルなビジネスシーンが描かれています。各レッスンのエッセンスを100％享受していただくためには、「そもそも学校英語とビジネス英語の学習はどこが違うのか？」、つまり、あいまいなビジネス英語の実態をクリアにしておいたほうがよいでしょう。学校英語の延長線で学習を始めてしまうと、学生時代に挫折した悪夢の再来ということにもなりかねません。

Point 1
明確な目的をもって学習する

　学生時代の英語学習の主な目的は、入試に合格したり学内テストで及第点を取ることでした。一方、仕事で使う英語の学習目的は、あくまでもビジネスでの成功です。

　昨今、「技術力で勝っても、事業力で負ける日本」などと言われますが、英語においても同じことが言えるかもしれません。流暢な英語に気後れしてしまい、ビジネスコミュニケーションの本来の目的を見失っていたとしたら、「技術力で勝っても、コミュニケーション力で負ける日本」と言われてしまうかもしれません。

　本書においても、スキットの英文をただ暗記するだけでなく、展開チャートでコミュニケーションプロセスをイメージしたり、スキットの和訳を使ってコミュニケーションの具体的な運び方をイメージすることをおすすめします。

Point 2
コミュニケーションツールと割り切る

　学校英語では、細かな文法ミスが減点対象となっていたかもしれません。一方、ビジネスで使う英語の場合、言いたいことが相手に伝わることが重要であり、多少の文法ミスは許容される可能性があります。

　もちろん、「ビジネス英語は間違いに寛容だ」ということではありません。迅速なコミュニケーションや意思決定が重視されるビジネスの世界では、細かな英語のミスに意識を向ける時間的余裕がないと言ったほうが適切かもしれません。

　以上のことから、本書においても、一言一句違えずに話せる

ようになることよりも、本書の英文と似たようなものが話せたら OK ぐらいに考えて取り組むことをおすすめします。同様に、発音に対しても、ネイティブスピーカーの発音を絶対視することは、ビジネス英語ではあまりないようです。今後、非英語圏の新興国とのビジネスが増えることを考えれば、英語はあらゆる国籍のビジネスパーソンとのコミュニケーションツールととらえておいたほうが現実的です。

Point 3
英語の基本的な語順は押さえておく

いわゆる「カタカナ発音」の英語を発するビジネスパーソンには2種類あるようです。1つは文法ミスのない語順順守型、もう1つは文法ミスにより語順が崩れてしまっている語順破壊型です。

英語の場合、語順が崩れてしまうと相手に伝わりにくくなります。たとえば、**I went to the office yesterday.** という英語で比較した場合、最も通じる可能性が高いのは語順厳守型で、逆に最も伝わらない可能性が高いのは語順破壊型だと考えられます。以下、詳しく説明します。

■ 語順遵守型（文法ミスがない）

アイ ウェント トゥ ジ オフィス イェスタディ。（**I went to the office yesterday.**）→カタカナ発音でも通じる可能性はかなり高い。知的会話の成立が可能。

■ 語順遵守型（多少の文法ミスがある）

アイ ゴー オフィス イェスタディ。（**I go office yesterday.**）

→明らかに間違っている英語ではあるが、メインメッセージは伝わる可能性がある。ただ、知的会話の成立はやや難しいかもしれない。

■ 語順破壊型（語順が壊れている）

アイ イェスタディ オフィス ウェント。（**I yesterday office went.**）→通じない可能性が高い。知的会話の成立は難しい。

以上のことから、本書で学ぶ際にも、「主語の後には動詞が来る」という英語の基本的な語順について忠実に守ることをおすすめします。

Point 4
意味の切れ目や強調すべき単語を押さえる

「言いたいことが伝わればOK」というのが、ビジネス英語の基本ですから、発音に対しては比較的寛容でいいでしょう。

ただ、ネイティブスピーカー（英語を母国語としている人）の話す英語を聴き取るためには、自分自身がある程度ネイティブの英語を再生できるほうが有利です。もちろん、100%ネイティブのように発音することは難しいので、以下の2つだけでも意識してみましょう。

❶ネイティブナレーターがポーズを置いているところは、意味の区切りを意味するので、真似をしてみる。
❷ 強弱がはっきりしているのも英語の特徴。英文を見て、重要と思われる単語は他の単語よりも少し大きな声で言ってみる。重要単語がわからない場合は、CDを聞いて、比較的強く話されている箇所を真似してみる。

Point 5
インプットよりもアウトプットを重視する

　学校での英語学習は、テキストを読んで訳すことが主体だったかもしれませんが、ビジネス英語では、話したり書いたりするなど、自分の意思をアウトプットする力が求められます。

　アウトプットのトレーニングで最もスタンダードなのは、テキストの英文を声に出すこと、すなわち音読です。本書のCDを聴いて、意味の区切りや強調される単語を確認したら、後は自分のペースで声に出していきましょう。

Point 6
学習を習慣化させることを重視する

　入試や学内試験用の英語学習は、合格点や及第点を取れば、そこで終わりです。一方、ビジネス英語の学習は、ビジネスパーソンである限り、終わりがありません。

　したがって、一度身につけた英語を忘れないように、常に英語に触れている必要があります。企業の英語研修でも、研修後いかに学習を継続するかが非常に重視されます。

　そのために、著者は毎日無理なくできる学習メニューを提唱しています。まずは、後述の毎日5分メニューから始めてみましょう。そして、当面の目標を、「学習時間ゼロ」の日を作らないことに設定しましょう。一見とても低い目標に見えますが、毎日5分間を数週間、1カ月と続けられると、続けることによる自信が身についてきます。あるいは、ここで学習を止めてしまうことがもったいなく感じられるようになります。

Point 7
興味のある内容を最優先する

　著者が企業研修で最も重視するのは、いかに受講者に英語学習に興味を持ってもらえるようにするかということです。興味を感じられると、知識の吸収効率が高まるからです。

　本書を使う際も、第2章の10あるレッスンの中で最も興味を覚えた内容のレッスンから始めていただいてかまいません。1から10までのレッスンの間にはそれなりのストーリーの流れがありますが、絶対的なものではなく、単独で学習しても問題ないように作ってあります。各レッスンのタイトルなどを読み、最も興味を持てる内容のレッスンから覗いてみてください。

2 ビジネス英語とのつきあい方 7つのヒント

さあ、これでビジネス英語の学習をどのように行っていくべきか、イメージがつかめるようになったと思います。

ここでは、忙しいビジネスパーソンがビジネス英語とどうつきあっていけばよいかを見ていきます。著者が企業研修の現場で多く見聞きする課題とその解決策を7つ挙げてみました。

課題① とにかく仕事が忙しくて、英語を勉強する時間がない!

解決策 毎日「1回5分」だけに限定する

英語学習のノルマを「1回5分」に限定してみてはどうでしょうか? 続けるコツは最初から 毎日30分とか1時間などと欲張らないことです。そのうち、続けること自体が自信になり、1年後の自分が楽しみになります。その結果、英語学習そのものになんらかの楽しさを感じることができるようになります。

また5分間を最大限に活用するため、無駄を一切排除した学習法が身につくようになります。たとえば、読んでも理解に時間がかかるような難しい英語を、英文スクリプトを見ずにたくさん聴いても、本当にリスニングのトレーニングになるのかと

いう素朴な疑問も浮上してきます。この場合、5分間を有効に使うためには、前半を英文の解読、後半を「CDを聞きながらの再読（音読ならベター）」に充てたほうが、トレーニング効果を期待できるはずです。

> **課題②** 「中学英語でも十分」とよく言われるが、それすらなかなか口から出てこない！

> **解決策** 「日英併学」の発想をする

「英語を学習する」ということは、普段の日本語を磨き上げることにも通じます。まずは日本語をしっかりと鍛え直してから英語の世界に入るのが理想的ですが、多忙なビジネスパーソンであれば、「英語学習を通して日本語力を鍛え、日本語力を鍛えながら英語を鍛える」という「日英併学」の発想でいきましょう。以下に、教科書なしで鍛えられる日英併学のポイントを紹介します。

❶ 噛み砕いた日本語で考える

たとえば、小学生にいきなり「単身赴任」と言っても、意味がわからないかもしれません。その場合、日本語を噛み砕く必要があります。「単身赴任」を直訳できなくても、「私は東京で働いているが、家族は札幌に住んでいる」、すなわち「**I work in Tokyo. But my family lives in Sapporo.**」と英訳することができます。「他山の石」であれば、「彼の失敗から私は多くを学んだ」という日本語に噛み砕けば、「**I have learned a lot from his failure.**」という英文にたどりつくことができます。

❷ 主語を明確にする

私たち日本人は日常生活において、主語のない文をよく使い

ます。一方、正確性が求められるビジネスの世界では、まずは日本語における主語・テーマの明確化を意識する必要があります。主語が必ずついている英語を発信することで、普段の日本語も英語の影響を受け、わかりやすいものに変化していくことでしょう。

❸ 話すテーマをキーワードでまとめる

すぐに英語が口から出てこないのは、いきなり長い文で伝えようとしているからなのかもしれません。「これから話そうとしているテーマは、一語で表現すると何なのか?」を考えることで、話をまとめる力が身につきます。たとえば、「これだけの業績を上げているのに、今年は給料が上がるどころか、むしろ下がってしまっている。社員の労働モチベーションのためにも、なんとかベースアップを検討してもらえないだろうか?」と言いたいとき、「社員給料の件（**Regarding staff salary**）」や「社員の労働モチベーションについて（**Regarding staff motivation**）」というキーワードを最初に出してみると、交渉もスムーズに進むかもしれません。

課題③	相手が発信する英語を理解するためには、中学英語では不十分！

解決策	相手に合わせて相応な語彙力を身につける

相手の英語が理解できるかどうかは、相手の語彙レベルや構文レベルによって決定づけられます。

相手の語彙レベルについて考えるとき、ネイティブスピーカーの場合、私たちノンネイティブが知らない単語を多用する可能性を想定しておかなければなりません。この場合は、自分

たちの語彙力を中学レベル以上に引き上げておく必要があります。

一方、相手が非英語圏の人の場合は、中学や高校レベルの基礎語彙に、ビジネスでよく使われる専門用語を加えれば十分ということもありえます。場合によっては、あまり難しい単語を使ってしまうと、逆に相手からその意味を聞き返される可能性もあります。

相手の構文レベルも、ネイティブスピーカーとノンネイティブとでは違います。ネイティブスピーカーの場合、長文を多用する可能性があるため、長文を分解できる文法力を身につけておく必要があります。一方、ノンネイティブが相手の場合には、長文の多用を避けて、短い文でテンポよく話したほうが好まれる場合もあります。

| 課題④ | 英語よりも、まず仕事のスキルを磨くことが優先では！ |

| 解決策 | 自分の仕事に必要な英語スキルを考える |

多くのビジネスパーソンにとって、英語は趣味の対象ではなく、仕事をスムーズに遂行するために必要なビジネスツールであるはずです。したがって、英語と仕事を分けるのではなく、仕事という側面から、自分にはどんな英語力が必要なのかを分析しておくことが大切です。

まずは、情報力を鍛える手段として英語をとらえなおしてみましょう。情報のタイミングの一例として、リーマン・ブラザーズ破綻時の海外紙と国内紙の報道時差が挙げられます。これだけの重要なニュースは、1週間の時差が命取りになります。また、視点のバランスの一例としては、オバマ大

統領がノーベル平和賞を受賞したときに、肯定的な記事しか見られなかった国内紙と賛否両面から報じた海外紙の違いが挙げられます。以上のことから、海外メディア抜きでの情報収集にはかなりのリスクが伴うことが見えてきます。他にも、記事の信憑性という点においても、文責を常に明示する海外紙のほうに軍配が上がります。(※海外メディアの重要性については、安達 洋著『英語「格差」社会の飛び越え方』(扶桑社刊) を参照)

次に伝達力を鍛える手段として英語をとらえましょう。筆者のように英語とのつきあいが長くなると、「日本語のあいまいさ」にフラストレーションを感じるようになります。主語や目的語など省略が多い日本語は、双方の誤解の原因になったり、一回で済ませたい連絡に何度も確認をする手間が生じたりするからです。英語を学んでいくと、こうしたあいまいな発言が少なくなり、結果として、仕事で使う日本語コミュニケーションのレベルも上がっていきます。

英語で話すときは、事実と意見を分ける思考、意見には必ず理由を添える思考が求められるため、日本語レベルでの説得力も向上していきます。特に仕事で相手を説得させる場合、多くの外国人が、コストベネフィット(プロジェクトを費用対効果という数字をベースにして考える) や世界標準(一国だけでなく、複数の国の基準に意識を向ける) という発想で考えます。倫理観や善悪といった自分や自社だけの感情レベルでものごとをとらえ、抽象的議論に走りがちな日本人は、こうした英語的発想を身につけることで、ビジネスマインドが鍛えられていくのです。

| 課題⑤ | 英語の長文を見るだけで頭が痛くなる！ |

| 解決策 | 文章の大きな骨組みを品詞で理解する |

　英語には、辞書にも載っていない長い名詞・長い形容詞・長い副詞があり、これらを理解できるようになると、長文は恐れるに足らないものになります。

　たとえば、「形容詞は名詞を説明するもの」という機能を拡大解釈すると、「向こうで女性と談笑しているあの男性は佐藤氏だ」という文章の場合、「向こうで女性と談笑している」の部分が「あの男性」という名詞を説明している形容詞だと考えられます。結果、「**That man who is talking with the woman over there is Mr.Sato.**」という長文から、「形容詞部分」を抜き出して、「**The man is Mr.Sato.**」という大きな骨組みとして理解することができるようになります。（※４つの品詞の理解をクリアにしたい方には、ブログ「安達洋の企業研修レポート」http://ashitawahareruyo.blog.ocn.ne.jp/ のカテゴリー「英文法基礎レッスン」を熟読されることをおすすめします）

| 課題⑥ | 英語のＥメールを書くのに時間がかかりすぎて、仕事の効率が悪い！ |

| 解決策 | まず日本語で理論構成を考えてみる |

　巷で売られている英文ビジネスＥメール例文集では、「**Introduction**（冒頭）/ **Body**（本文）/ **Conclusion**（結論）」のうち、**Introduction** と **Conclusion** に関する説明が圧倒的に多く、**Body** 部分は、個別のビジネス内容によって千差万別なので、結局自分で作り出していくしかありません。

そこで、**Body**部分をどのようにデザインしていくかがEメール作成では最も重要です。最初にすべきことは、自分と相手、さらには第三者の最終ゴールやメリットについて、しっかり押さえておくことです。

たとえば、自分が買い手の場合、値引きを要求することは自分にはメリットにはなりますが、相手にとってはデメリットです。つまり、相手にとって都合の悪い要素があるEメールを送るときは、どのような論理構成で、相手にそのデメリットを受け入れてもらうのかをしっかり検討しなければなりません。

このようにEメールを書く際には、英文以前に、日本語での論理構成の熟考が不可欠なのです。これをせずにいきなりパソコンに向かってしまうから、「ビジネスメール1通をつくるのに1時間もかかる」という現象が起こってしまうのです。こうしたことから、ライティングはパソコンに向かう前の論理構成作業が勝負だと言えます。

さて、先ほどの相手に値引きを要求する際の論理構成ですが、たとえば、こんなふうに頭の中で考えておくと、そのあとの英文化も楽になることでしょう。

例：相手先への値引き要求の論理構成
自社が値引きを求める背景説明
　→相手への短期的要求（相手にとっては短期的デメリット）
　→相手への長期的対価（相手にとっては長期的メリット）
　→譲歩事項（相手が承諾しない場合のオプションの提示）
　→相手の意向確認

本書の第3章で、ビジネス上のEメールや文書のライティン

グを詳しく説明していますので、ぜひ参考にしてください。

> **課題⑦** 非英語圏のビジネスパーソンが話すお国なまりのある英語が聴き取れない！

> **解決策** 聴き取るべき単語を絞る

たとえば、インドなまりの強いインド人の英語を聴き取れる可能性が高いのは、TOEIC300点のビジネスパーソンよりも、900点のビジネスパーソンです。これはネイティブの英語で耳を鍛えておくことによって、ノンネイティブの英語を聴くときの勘も鍛えられていることと、TOEIC900点レベルの語彙力や文法力を使って音声的に難解な箇所を推測できるからだと考えられます。以下に聴き取りのコツを紹介します。

❶聴き取る単語を絞り込む

聴き取るべき情報が多すぎると、頭の中で処理が追いつかなくなるため、たとえば100語の英語を聴くときは、聴き漏らしてはならない50語に絞り込む練習をし、処理の負荷レベルを下げていく。本書のCDを聴くときも、登場人物1人ひとりの発言の中で、聞き漏らしてはいけない単語はどれなのか考えてみる。

❷英語の文字と音声のギャップに慣れる

日本語でも、早口で話すと個々の単語の音声がつながり、別の単語に聞こえたりする場合がある。つまり、文字で認識する英語と音声で認識する英語の間には、相応のギャップがあることにも慣れていく。本書においても、CDを聴きながらテキストの英文を見て、文字と音声のギャップを確認していく。

3 ビジネス英語 学習継続のための5つのアドバイス

　忙しいビジネスパーソンにとって、まとまった英語学習時間を毎日確保するのは簡単ではありません。ここでは、著者が日頃の企業研修で参加者にしている学習アドバイスをベースに、学習継続の秘訣を紹介していきます。

1 複数のトレーニングメニューを使いまわそう

　一生懸命やっているつもりなのに、効果が出ている感じが得られず、もう学習を止めてしまいたくなったことはありませんか？

　そんなときは今までとは違ったトレーニング法を取り入れてみるとよいでしょう。たとえば、音声を聴いてすぐに自分の声で再生していく「シャドーイング」というトレーニング法がありますが、なかなか効果が感じられない場合があります。

　そんなときは、他のトレーニング法をシャドーイングの前後に取り入れることで改善されます。英文の構造や新出語彙を未確認の状態でシャドーイングをやっても、効果は期待できません。このような場合には、事前に英文の構造や新出語彙を確認しておく作業を入れるとよいでしょう。

　また、いつまでたっても CD のスピードに自分の声がついて

いけない場合、英文速読や音読のスピードアップの練習をしてから取り組むとよいでしょう。また、シャドーイングは音声を忠実に再生することに意識が向かうため、英文の意味の理解にまで意識は向かいません。したがって、シャドーイングがうまくできるようになったら、仕上げとして、黙って聴いて意味が理解できているか確認するとよいでしょう。

　シャドーイングに限らず、リスニングトレーニングの行き詰まりを感じるようになったら、しばらく音声の世界から離れて、じっくりと文法に取り組んでみるのも一策です。英文の構造に対する理解を深めることで、リスニングの際の英文推察力も向上します。簡単な例文にたとえますと、**The man is a teacher.** という英文を聴いたとき、音声的には **man** と **teacher** しか聴き取れなかったとしても、**The man is a teacher.** という英文を頭の中で描けるのは、**the**、**is**、**a** が文法的に必要だという知識があるからだと考えられます。

2 繁忙期の最低メニューを決めておこう

　新しい教材を手にすると、誰しも「今度こそしっかり勉強しよう！」という気持ちになります。しかし、その気持ちを持続することはとても難しいことがあとになってわかります。

　こうしたことを毎年繰り返して、「万年初級」という学習者の方々におすすめしたいアプローチがあります。

　それは、多くを望まず、たった1つのノルマ「1回5分」だけを愚直に続けていくというやり方です。方法も問わなければ、1時間や2時間の学習時間も求めず、ただひたすら毎日5分だけの学習をキープしていくのです。

朝起きたとき、あるいは就寝前の5分、本書のスキットに目を通すだけでかまいません。苦手意識が強いスキットであれば、先に和訳を読んでから英文に進んでいただいても構いません。和文1分→英文2分→再度和文0.5分→再度英文1.5分、これでもあっという間に5分です。

3 分析・応用を意識して例文と取り組もう

　暗記が得意な人は、本書の英文を空で言えるくらい徹底的に暗記してみましょう。暗記が苦手な人は、日本語と英文を比較して、構造的な違いを確認したり、覚えたい英文に対しては、どんな場面で応用できるか想像してみることをおすすめします。

　ところで、英語で発信しようとするとき、なかなか口から英語が出てこないストレスを感じたことはありませんか？　日本語と英語はそもそも構造が違うので、この違いに慣れておかないと、頭に浮かんだ日本語をなかなか英語に置き換えることができません。

　こうしたことを克服していくためには、日頃から和文と英文を比較し、自分の言いたいメッセージ、すなわち日本語がどのように英語に変換されているのかを観察しましょう。

　以下に日本語と英語の構造的な違いを挙げておきます。本書の和文・英文比較分析の際、使ってみてください。

❶ 主語

　多くの場合、日本語では主語を省略して話しますが、英語では文頭に主語を必ず置きます。こうしたことを心得ておくと、

「主語なし日本語」が頭に浮かんだときでも、頭の中ですばやく主語を補い、そこから英文を作ることができるようになります。

❷数について

　日本語では、数を強調したいとき以外、「1つの」とか「その」という情報をつけません。一方、英語では、数えられない名詞以外は、「1つの」や「その」という情報をつけます。こうしたことをわきまえておくと、「机の上にリンゴがあります」という日本語を英語化するとき、状況的にリンゴの数を補って発信することができるようになります。「1つのリンゴ」であれば、**There is an apple on the table.** となりますし、「正確な数はわからないけれど、何個かあるはずだ」であれば、**There are some apples on the table.** となります。

❸語順について

　日頃から和文と英文を比較して、語順の違いに慣れておくことをおすすめします。その際、主語と目的語などの語順が違うだけでなく、名詞を説明する部分の語順も違うことを押さえておきましょう。たとえば、「昨日私たちが会った男」のように日本語では説明部分は名詞の前に置かれるのに対して、英語の場合は **the man we met yesterday** のようにまったく逆に置かれます。

　以上のような分析には、中学高校時代に学んだ英文法の知識が不可欠です。先述の安達洋ブログ「安達洋の企業研修レポート　http://ashitawahareruyo.blog.ocn.ne.jp/」のカテゴリー「英文法基礎レッスン」もぜひ参考にしてみてください。

4 語学にはコツコツやらないと身につかない部分があることを知っておこう

英語のトレーニングメニューには、コツコツと繰り返すことでしか体得できないものと、ちょっと練習するとできるようになるものとがあります。

たとえば、英文の分析は知識を使うだけなので、同じ英文を何度も読む必要はありません。一方、音声と文字のギャップに慣れていくためには、一回CDを聴いて英文を見るだけでは、その一瞬わかった気になっても、本当に定着しているとは言えません。実際、しばらく間を置いて聴いてみると、まったく理解できない状態に戻っているのはそのためです。ここを克服するためには、やはり何度も聴いて耳を慣らし、何度も読んで目を慣らしていくという「積み上げ型」トレーニングが不可欠なのです。

5 トレーニング仲間をみつけよう

最近は、ツイッターを使って「英語学習宣言」をして、自分をうまく追い込んでいる学習者も増えているそうです。また、定期的に集まって仲間で勉強する人たちもいるようです。ほかにも、企業内で社員をリーダーや講師にして、ともに学ぶという教育スタイルが増えているようです。外部講師と違ってコストはほとんどかからないので気軽に始められることや、同じ社内の人たちなのでスケジューリングがしやすいこと、会社の会議室など場所の確保が簡単だというのも魅力でしょう。

企業研修では、研修で学んだことを家族と共有している受講者も見かけます。知識は受け取っているとき以上に、誰かに提

供するときのほうが身につきます。読者のみなさんも本書で学んだこと、あるいは学校などで学んだことを、周囲の人たちに伝えてみてはどうでしょうか？　きっとこれまで以上に、エッセンスが自分の中に浸透していく感覚が味わえると思います。

　著者が企業研修でよく使うペアワークを以下に紹介しておきます。身近な人とぜひ試してみてください。

❶ シャドーイングのペアワーク

ステップ１：先生役がテキストの英文をゆっくり音読する
ステップ２：生徒役は、先生の音読を聴きながら、自分の声でも英文を再生する（テキストは見ない）
ステップ３：先生役はスピードを上げて音読する
ステップ４：生徒役は先生の音読を聴きながら、自分の声で英文を再生する
ステップ５：先生役の音読を聴いて、生徒役は意味を理解できているかどうか確認する
ゴール：　ステップ５において、先生の音読を聴いて内容が理解できれば OK

❷ 和文英訳のペアワーク（会話スキットを使って）

ステップ１：英文スキットのそれぞれの役割を音読してみる
ステップ２：和訳を見ながら、交互に英語で言ってみる
ステップ３：再度、英文スキットのそれぞれの役割を音読する
ステップ４：和訳を見ながら、交互に英語で言ってみる
ゴール：　独自に発した英語が、英文スキットに５〜６割り近づいていたら OK。完全に暗記をするのではなく、必要な箇所だけ英文テキストの表現を流用していくイメージでやってみる

■ ■ ■本章の構成■ ■ ■

　本章の各レッスンは①「展開チャート」、②「レッスン」、③「すぐに使える表現10」の3つから成り立っています。

　ビジネス英会話には、必ずゴールがあります。したがって、ゴールまでの大まかなプロセスを事前に頭の中に描いておくことはとても重要です。まず「展開チャート」で、コミュニケーションのプロセスとゴールを大まかに把握しておきましょう。

　次に、具体的な会話の運びを「レッスン」で学びます。初級学習者は初めに和訳を読み会話の流れをつかんでから英文に進んでも構いません。各レッスンは1回5分で学習できるように、3～4程度のパートに分けられています。5分間の学習については、次ページ以降で解説します。

　最後に、英語でスムーズなコミュニケーションを展開させるためには、ある程度の英文表現パターンを頭の中に取り込んでおく必要があります。各レッスンごとに覚えておくと便利なフレーズを「すぐに使える表現10」として、各レッスンの最後にスキットから抜き出して掲載していますので、ぜひ活用してください。

■ ■ ■付属CDについて■ ■ ■

　各「レッスン」と「すぐに使える表現10」の英語音声を「ノーマルスピード」「2倍速音声」の順で収録しています。聴きたい音声がCDのどこに収録されているかは、各箇所のCDマークに記載されているトラック番号でご確認ください。

■ ■ ■ 第2章　各部分の説明 ■ ■ ■

1 展開チャート

スキットの本文（英文・和訳）を読む前に、実際のビジネスで想定されるアクションやコミュニケーションの流れを把握して、場面ごとに必要となる英語表現をあらかじめイメージできるようにします。

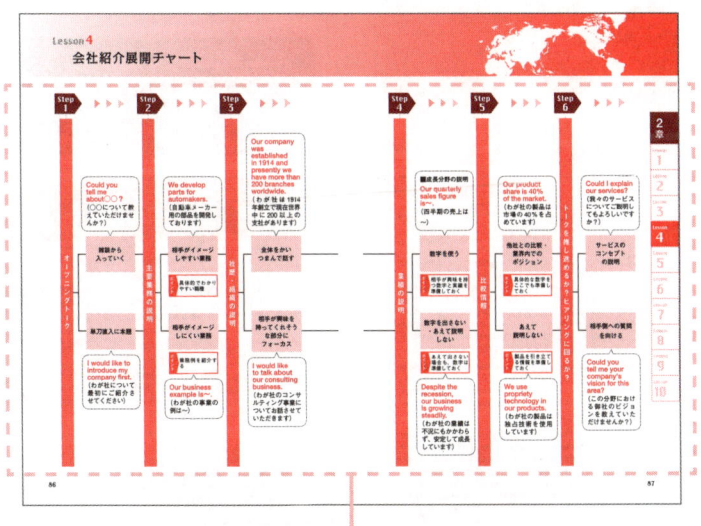

実際のアクションやコミュニケーションの流れを意識して、「論理性」が求められるビジネス英語の使い方をマスター

2 スキット

各レッスンごとに、スキットを1回5分で学習できる文量で3～4つのパートに分けています。登場キャラクターの顔で誰の台詞なのかを一目でわかるようにしていますので、そのキャラクターの気持ちになって黙読・音読してください。

複雑な内容をシンプルな英語で表現するテクニックを身につけるために、ベーシックな単語・表現で構成された英文

日常のオフィスで話されることを意識したリアルな会話

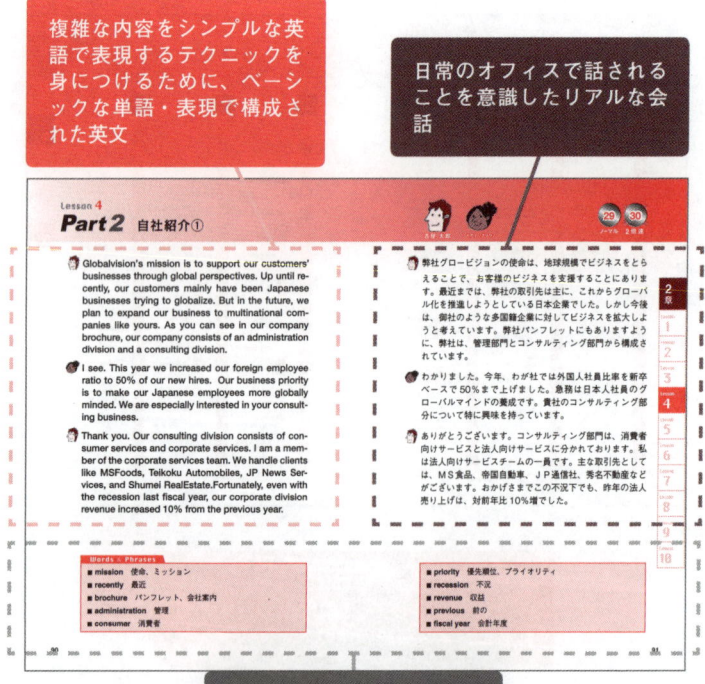

辞書を引く手間を省くために、スキット中の重要な単語・表現をピックアップ

3 すぐに使える表現 10

各レッスンごとに、暗記してすぐに使える表現を10個抜き出し、それぞれについて、解説やさらに応用力をつけるための別の言い方を説明しています。

そのまま暗記してすぐに使える表現をスキットから抽出

詳細な解説とさらに応用力がつく関連表現を紹介

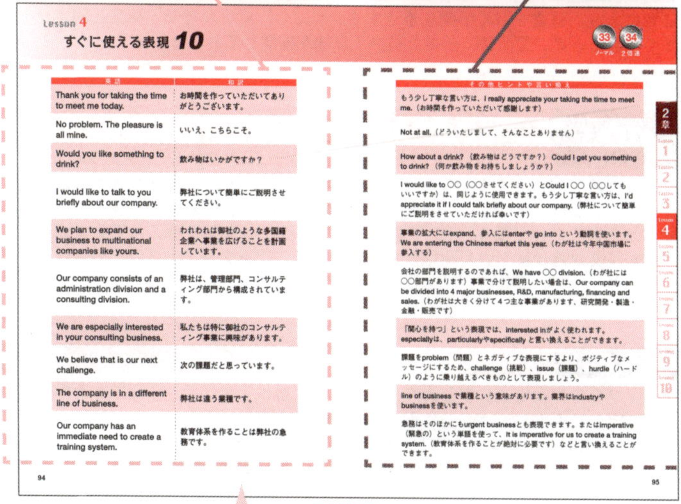

Lesson 4
すぐに使える表現 10

英語	和訳
Thank you for taking the time to meet me today.	お時間を作っていただいてありがとうございます。
No problem. The pleasure is all mine.	いいえ、こちらこそ。
Would you like something to drink?	飲み物はいかがですか?
I would like to talk to you briefly about our company.	弊社について簡単にご説明させてください。
We plan to expand our business to multinational companies like yours.	われわれは御社のような多国籍企業へ事業を広げることを計画しています。
Our company consists of an administration division and a consulting division.	弊社は、管理部門、コンサルティング部門から構成されています。
We are especially interested in your consulting business.	私たちは特に御社のコンサルティング事業に興味があります。
We believe that is our next challenge.	次の課題だと思っています。
The company is in a different line of business.	弊社は違う業種です。
Our company has an immediate need to create a training system.	教育体系を作ることは弊社の急務です。

その他ヒントや言い換え

もう少し丁寧な言い方は、I really appreciate your taking the time to meet me.(お時間を作っていただいて感謝します)

Not at all. (どういたしまして、そんなことありません)

How about a drink? (飲み物はどうですか?) Could I get you something to drink? (何か飲み物をお持ちしましょうか?)

I would like to ○○ (○○させてください) と Could I ○○ (○○してもいいですか) は、同じように使用できます。もう少し丁寧な言い方は、I'd appreciate it if I could talk briefly about our company. (弊社について簡単にご説明させていただければ幸いです)

事業の拡大に expand、参入には enter や go into という動詞を使います。We are entering the Chinese market this year. (わが社は今年中国市場に参入する)

会社の部門を説明するのであれば、We have ○○ division. (わが社には○○部門があります)事業で分けて説明したい場合は、Our company can be divided into 4 major businesses, R&D, manufacturing, financing and sales. (わが社が大きく分けて4つ主な事業があります。研究開発・製造・金融・販売です)

「関心を持つ」という表現では、interested inがよく使われます。especiallyは、particularlyやspecificallyと言い換えることができます。

課題 & problem (問題) とネガティブな表現にするより、ポジティブなメッセージにするため、challenge (挑戦)、issue (課題)、hurdle (ハードル) のように乗り越えるべきものとして表現しましょう。

line of businessで業種という意味があります。業界はindustryやbusinessを使います。

急務はそのほかにも urgent business と表現できます。または imperative (緊急の) という単語を使って、It is imperative for us to create a training system. (教育体系を作ることが絶対に必要です) などと言い換えることができます。

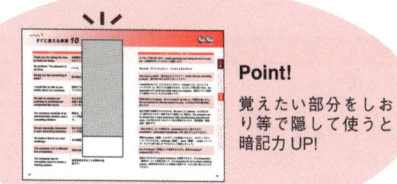

Point!
覚えたい部分をしおり等で隠して使うと暗記力UP!

■■■各レッスンの勉強のしかた（1回5分メニュー）■■■

　本書のスキットは、1回5分で学習できるように3〜4つのパートに分けてあります。各パートを、以下の要領で学習してみましょう。

STEP1　英文と和訳の違いを確認する（1分）

日本語と英語の語順の違い、主語をよく省略する日本語と主語を明確に記す英語との違い、その他の日英語の構造上の違いや、文法的配慮の違いを観察してみましょう。

STEP2　英文と和訳を照合して、新出単語をチェックする（1分）

これにより、辞書を引く手間を省きます。ただし、意訳などで、英文と和文がうまく照合できない箇所は、辞書を引いて意味を確認しておきましょう。

STEP3　CDを聴きながら、英文を黙読し、文字と音声のギャップを確認する（1分）

英文を読んで理解したつもりでも、それは「カタカナ英語」に置き換えての理解かもしれません。たとえば、**I need a towel.** という英文を読むのは難しくありませんが、音声だけで聴くと「アイニーダトウエゥ」のように聴こえてしまい、まったく英文が浮かばない可能性があります。リスニング力アップのためには、こうしたギャップに慣れていくことが大切です。

STEP4　CDを聴きながら、英文を見て音読する（1分）

ステップ3の作業で、文字と音声のギャップに慣れてきたら、自分でもその音声を声に出してみましょう。たとえば、**an apple** であれば、「アン アップル」ではなく、「アナポー」のように聴こえたままにまねを試みましょう。CDのスピードについていけないときは、CDをいったん止めて、自分に無理のないスピードで音読してみましょう。

STEP5　英文を見ずに、CDを聴いて内容理解を確認する（1分）

ここで意味が浮かばなかったときは、再度英文を見てどこがわからなかったのか確認しておきましょう。ほぼ理解できるようになったら、2倍速音声を聴いてみましょう。しばらく2倍速で聴いて耳を慣らしてから、再びノーマルスピードで聴くと、かなりゆっくりに聴こえるはずです。ゆっくりに聴こえるということは、理解処理の余裕が生まれるので、一層わかりやすく感じるはずです。

■ ■ ■各レッスンの背景■ ■ ■

　各レッスンに収録されているビジネス英語スキットは、著者自身の企業勤務体験や企業研修体験、研修受注のための一連の商談体験がベースになっています。

　スキットの和訳を読んでいただくと、初級者向け教材にありがちなベーシックなやりとりは本書ではあまり取り扱われていないことがわかります。その代わりとして、ちょっと込み入った内容が盛り込まれている印象があるかもしれません。

「本日のプレゼンのポイントは3つあります」「ご質問はありますか？」「納期を教えてください」など、シンプルかつ一般的なやりとりは既存のビジネス英語テキストでカバーされているので、今回はそちらに譲ることにしました。

　一方、内容が込み入ってくると、英語以前に、日本語レベルにおいて、コミュニケーションのゴールや展開を描けずに苦心されているビジネスパーソンも多く、その部分にスポットを当てることにしました。

　和文はなかなか込み入った内容である一方、英文の中で使われている単語自体はベーシックで、すでにカタカナとして定着しているものが多いことに気づかれるはずです。和文と英文を比較してみると、英文のほうが割りと簡潔なものになっていることもわかります。本書を使って、「複雑な商談にシンプルな英語で立ち向かう」戦略を身につけていただけたら本望です。

　以下、各レッスンごとにベースとなっている著者の体験やねらいをここでお伝えします。本書のレッスンに詰め込まれた英文の量の多さに気持ちが引けてしまっている方は、ぜひここからお読みください。

Lesson1　情報で差をつける

　著者が企業研修で最初に触れるポイントをレッスンに反映させました。まず「英語＝学習」という従来の発想からいったん離れ、その上で「英語＝情報格差時代を生き残るためのツール」という新たな視点を取り入れていただきます。

　初級学習者の方であれば、取り急ぎ和訳部分だけを読んで、「ビジネスパーソンとして成功していくためには、語学以上に、情報感度を磨くことが重要だ」ということを感じていただければうれしいです。

Lesson2　自己紹介で相手に自分を印象づけよう

　欧米のビジネスパーソンはパーティーが大好きです。仕事の話からいったん離れて、雑談を交わすパーティーの場こそ、相手の本質を見抜けるからなのでしょう。

　残念ながら、日本人はパーティーや雑談が苦手です。研修では、身近なことから雑談の糸口を見つけることを提唱しています。名前の由来や意味についていろいろと語るのもそのひとつです。

　本レッスンでは、日本人スタッフが、海外のスタッフに対して自分の名前をネタに印象的な自己紹介を展開しています。

Lesson3　Eメールによるコミュニケーション

英会話に自信がない方は、自分のペースでじっくりと英文を作成できるEメールを最大限に活用しましょう。

著者自身も、Eメールを駆使して、電話会議や商談をフォローしていました。事前に大まかな情報をEメールで交換しておくことで、当日の会議が楽になります。

本レッスンでは、Eメールを使ったコミュニケーションの基本について触れています。

Lesson4　会社紹介

英会話をモノにするコツは、「自分の話→会社の話」と無理なく守備範囲を広げていくことです。本レッスンにおいても、オープニングでは多少自分の話題に触れ、そこから会社紹介につなげています。

英会話初級者でも、ビジネスパーソンである以上、自社の紹介については流暢にできるようにしておくべきでしょう。本レッスンのように、会社の使命（ミッション）のような大きなテーマについて明示してから細かな説明に入ると、相手にスマートな印象を与えられます。

Lesson5　製品紹介

　商談で最も重要な部分です。最後まで興味を持って聞いていただけるよう、一方的な説明に終わらせない工夫が必要です。

　本レッスンでは、相手に質問を投げ、そのやりとりの中に、さりげなく自社製品のPRを入れているのがわかります。こうしたやりとりから、会話の多くを占めるのは、実は話すことより、相手からの英語(情報)を聞き出すことのほうだとわかります。

　企業研修において、英会話よりも、TOEIC系のニーズが多いのは、コミュニケーションにおける傾聴力の重要さを企業が認識しているからでしょう。

Lesson6　電話

　単なる事務連絡であればEメールで十分ですが、仕事を円滑に進めていくためには、声を使ったコミュニケーションも大切です。「Eメール：電話：実際に会って話す」の比率は人や状況によって違うと思いますが、おおよその目安としては、「5：3：2」ぐらいではないでしょうか。込み入った話を英語で展開するのは、初学習にとってかなりの負担になるので、本レッスンのように、商談のスケジューリングのような、簡単な内容に限定しておくとよいでしょう。

Lesson7　プレゼンテーション

　筆者が企業講演でよく使うクイズネタを本レッスンでも紹介してあります。クイズの効能は3つあります。1つ目は聴衆の参加意識を促し、講演に主体的な姿勢で参加していただけること、2つ目は自分で考えたあとに与えられる情報は一方的に与えられる情報より印象に残りやすいこと、3つ目はクイズの回答内容によって、聴衆の認識レベルや関心度合いなどがわかるため、その後のトーク内容が調整しやすくなることです。

Lesson8　ディスカッション

　筆者の企業研修のグループワークでは、グループ内で役割分担をしていただいています。本レッスンでも、企業研修のエッセンスを反映させています。
「英語を使ったディスカッションなど、まだまだ先の課題」という方は、日頃の日本語でのディスカッションに、本レッスンの役割分担を導入してみてはどうでしょうか？　ファシリテーターを担当する場合、本レッスンのディスカッション展開チャートを参考に、進行手順をあらかじめイメージしておくとよいでしょう。

Lesson9　交渉

　このレッスンには、著者自身の商談体験を反映させています。昨今どの業界においてもシビアな価格交渉と無縁ではいられないはずです。価格競争が激化すればするほど、顧客のニーズをしっかり探り、そこに響くサービスを提案する必要性を著者は痛感しています。

　本レッスンでは、目の前の案件において、シビアな価格調整に応じつつ、顧客との長期的な関係への道筋を提案していますが、多くの業界で使える手法だと思います。

Lesson10　さまざまなライティング

　このレッスンにも、著者のビジネス体験が反映されています。ミニッツ（議事録）作成者は、誰よりも議論を客観的に観察し、再整理するチャンスが与えられるため、若手社員への教育手段として活用されることも多いようです。一方、若手に議論に積極的に参加させたときは、ベテラン社員がミニッツを担当し、自らは議論から少し距離を置くこともあります。

<各レッスンの登場人物>

　外国語を身につけるということは、どこか演劇に通じるところがあります。著者自身も英語を使って外国人と話すときは、自分のキャラクターを変えていました。日本語で話しているときの控えめな自分では、押しの強い外国人と渡り合っていくのが難しいと感じたからです。

　本書の登場人物たちも、ビジネス上のキャラクターを演じている役者たちなのかもしれません。彼らのキャラクターをイメージしながら、声の調子をいろいろ調整して、多様な自分を味わってください。

① 吉屋 太郎（よしや たろう）（全レッスンに登場）：

「よし、やったろう！」という名前の通り、元気が売り物の青年です。コンサルティング会社「グローバルビジョン社」の一年生社員です。自称英語初級者という方には、感情移入しやすいかもしれません。彼の発言内容は、全体的に「当たって砕けろ！」的なエネルギーが感じられます。ゆっくりと、元気よく、一言一句かみしめるように音読してみましょう。

② 先 育代（さき いくよ）（レッスン1・2・3・7・8に登場）：

太郎の指導係です。「さき、いくよ」という名前の通り、どんどん先を行くので、太郎にとっては頼もしい先輩です。英語学習の中上級者の方であれば、彼女に感情移入しやすいかもしれません。しっかり練習して、自信に溢れた話し方を目指しましょう。

③ ピアソン（レッスン2に登場）：

グローバルビジョン社では、毎年グローバルミーティングが開催されます。ピアソンは、今回のミーティングのファシリテーター（進行役）です。ファシリテーターの英語のトーンがミーティングの雰囲気を決めるので、しっかりと練習をして、堂々とした話し方を目指すとともに、少しスマイルを添えて、明るい声を意識しましょう。

④ 温 美香(ウェン メイシャン)（レッスン2に登場）：

グローバルミーティングに参加するため、上海支社からやってきました。彼女の自己紹介は、とりたてて強い印象はありませんが、綺麗にまとまっているため、聞き手には理知的な人物という印象を与えます。英会話においてあまり冒険を好まない方は、彼女のような一種無難な自己紹介を習得するのがおすすめです。

⑤ メアリー・ブラウン（レッスン4・5・9に登場）：

ハコザキ・フィリップファーマ社の担当者です。聡明な女性で、太郎にとっては手ごわい商談相手です。彼女から学べることは、自社や自社を取り巻く現状についてしっかりとした認識を持っているということです。特にレッスン5パート1の長い台詞は、棒読みにならないよう、一文一文、相手に語りかけるようなイメージで音読しましょう。またレッスン9ではシビアな価格交渉を扱っていますが、太郎からの長期的提案を受け入れることと引き換えに、彼女は目の前の案件の値引きを取りつけようとしています。淡々とした声で、交渉をしっかりとコントロールしている彼女は、かなりのやり手なのかもしれません。

⑥ シンシア・ケリー（レッスン6に登場）：

グローバルビジョン社の取引先候補マクロスペクト社のスタッフです。業界問わず応用できるスタンダードな電話応対を、彼女と太郎とのやりとりから学びましょう。

⑦ エリック（レッスン7に登場）：

クロスファンクショナルミーティングの参加スタッフです。発言はわずか一回ですが、プレゼンターの質問にきちんと応答しています。たった一回でも何らかの発言をすると、会議での存在感がアップします。読者のみなさんも、日本語・英語に限らず、ミーティングに参加したら、必ず一回はなんらかの発言をすることを心がけてみましょう。

⑧ **高木 望**(レッスン7・8に登場)：

2つのレッスンに登場しますが、どちらでも積極的に発言しています。会議はこういう人たちがいてくれると盛り上がります。会議のムードメーカーを目指すという意識で、彼女の発言を音読してみましょう。とりわけ、レッスン8のタイムキーパーとしての発言は、ダラダラと進みがちな会議に、ほどよい緊張感を与えてくれています。自分からタイムキーパー役を買って出るところも、彼女の積極的な姿勢がうかがえます。彼女の発言を見ていると、会議では本人の心がけ次第で誰もが主役になれることがわかります。読者のみなさんも、本書の学習を通して、積極的なビジネスパーソンのキャラクターをぜひ身につけてください。

⑨ **キム・ビョンホン**(レッスン8に登場)：

スタッフミーティングのファシリテーターです。少し低めの貫禄のある声が特徴です。日本人はどちらかというと若く見られがちなので、ときに外国人のビジネスパートナーから軽く見られてしまう可能性もあります。少しあごを引いて、落ち着いた大人の声色をイメージして、キムさんの発言を音読してみましょう。また、ファシリテーターとしての会議の仕切り方にも注意して聞いてみましょう。

⑩ **シンプソン**(レッスン9に登場)：

ハコザキ・フィリップファーマ社のメアリーの上司です。発言内容はシンプルなもので、発言量は多くありません。キャラクター的には、熱く語る太郎と対照的かもしれません。あまり気負わず、あっさりとした口調が好きな方であれば、彼の声のトーンやシンプルな発言内容が参考になるかもしれません。

⑪ **マーサ**(レッスン10に登場)：

太郎の上司です。ミニッツ(議事録)の作りかたについて、太郎に丁寧に指導しています。指導のゴールは、相手に理解してもらうことですから、ゆっくりと語りかけ、相手の理解を確認しながら、トークを進めていきましょう。

Lesson 1

情報で差をつける

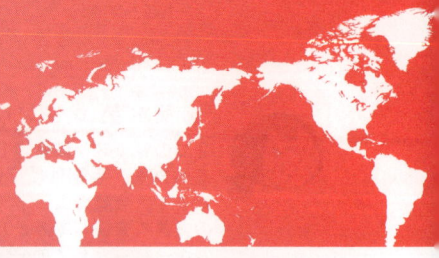

ビジネスアドバイス

「さぁ、情報通を目指そう!」と思っても、いきなりどこから手をつけてよいのかわからないものです。情報アンテナを広げるためのコツは、「個人→友人・知人・同僚→自社→業種トレンド→業界トレンド→関連業界トレンド→国内トレンド→世界トレンド」というように、情報の範囲を身近なネタから段階的に広げていくことです。

スキットの背景

先育代さんと吉屋太郎君は、社内では1年先輩と後輩の関係です。2人が勤務する会社は、「グローバルビジョン」というアメリカを本社とする企業研修コンサルティング会社です。わずか1年違いとはいえ、太郎君にとって育代さんはとても頼りになる先輩のようです。太郎君は育代さんをランチに誘い、ビジネスパーソンの情報戦略について質問してみることにしました。

☑ CHECK!

1回目	2回目	3回目	4回目	5回目

Fight!

Excellent!

Lesson 1
情報戦略展開チャート

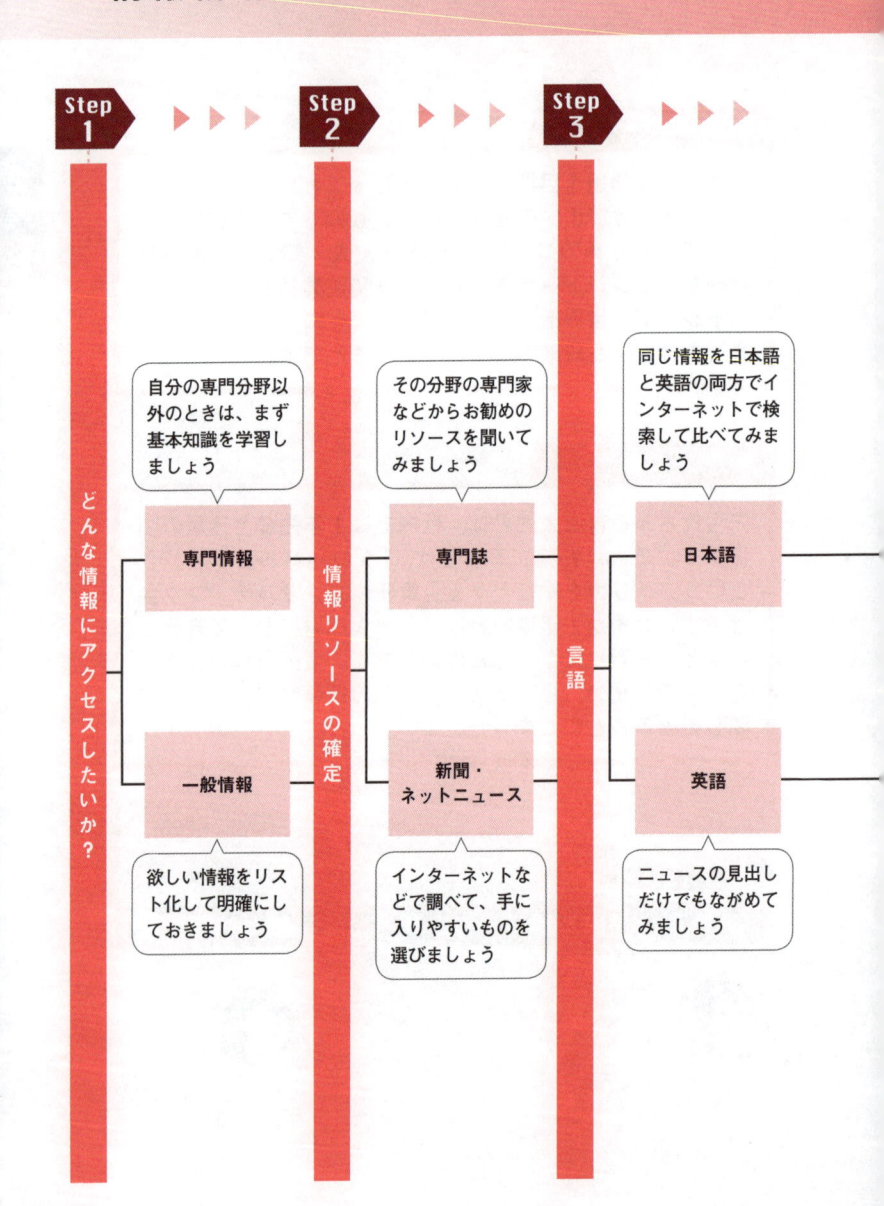

Step 1 ▶▶▶ **Step 2** ▶▶▶ **Step 3** ▶▶▶

どんな情報にアクセスしたいか？

- 専門情報
  - 自分の専門分野以外のときは、まず基本知識を学習しましょう
- 一般情報
  - 欲しい情報をリスト化して明確にしておきましょう

情報リソースの確定

- 専門誌
  - その分野の専門家などからお勧めのリソースを聞いてみましょう
- 新聞・ネットニュース
  - インターネットなどで調べて、手に入りやすいものを選びましょう

言語

- 日本語
  - 同じ情報を日本語と英語の両方でインターネットで検索して比べてみましょう
- 英語
  - ニュースの見出しだけでもながめてみましょう

Step 4 ▶▶▶ 読み方

- **詳細まで読む・情報整理** ← わからない用語も調べましょう
- **おおよそのトレンドだけをキャッチ** ← 大見出しやサマリーを読みましょう

Step 5 ▶▶▶ 情報の拡充

- **雑談や会議で提供してみる** ← 話のネタとして提供してみましょう
- **英語が得意な人にも共有してもらう** ← 意見も聞いてみましょう

Step 6 ▶▶▶ 情報の活かし方

- **企画書に引用** ← 仕事でどんどん使用して、情報を最大限に活かしましょう
- **ブログなどに書き留めておく** ← 発信することで自分のものにしていきましょう

2章

Lesson 1
Lesson 2
Lesson 3
Lesson 4
Lesson 5
Lesson 6
Lesson 7
Lesson 8
Lesson 9
Lesson 10

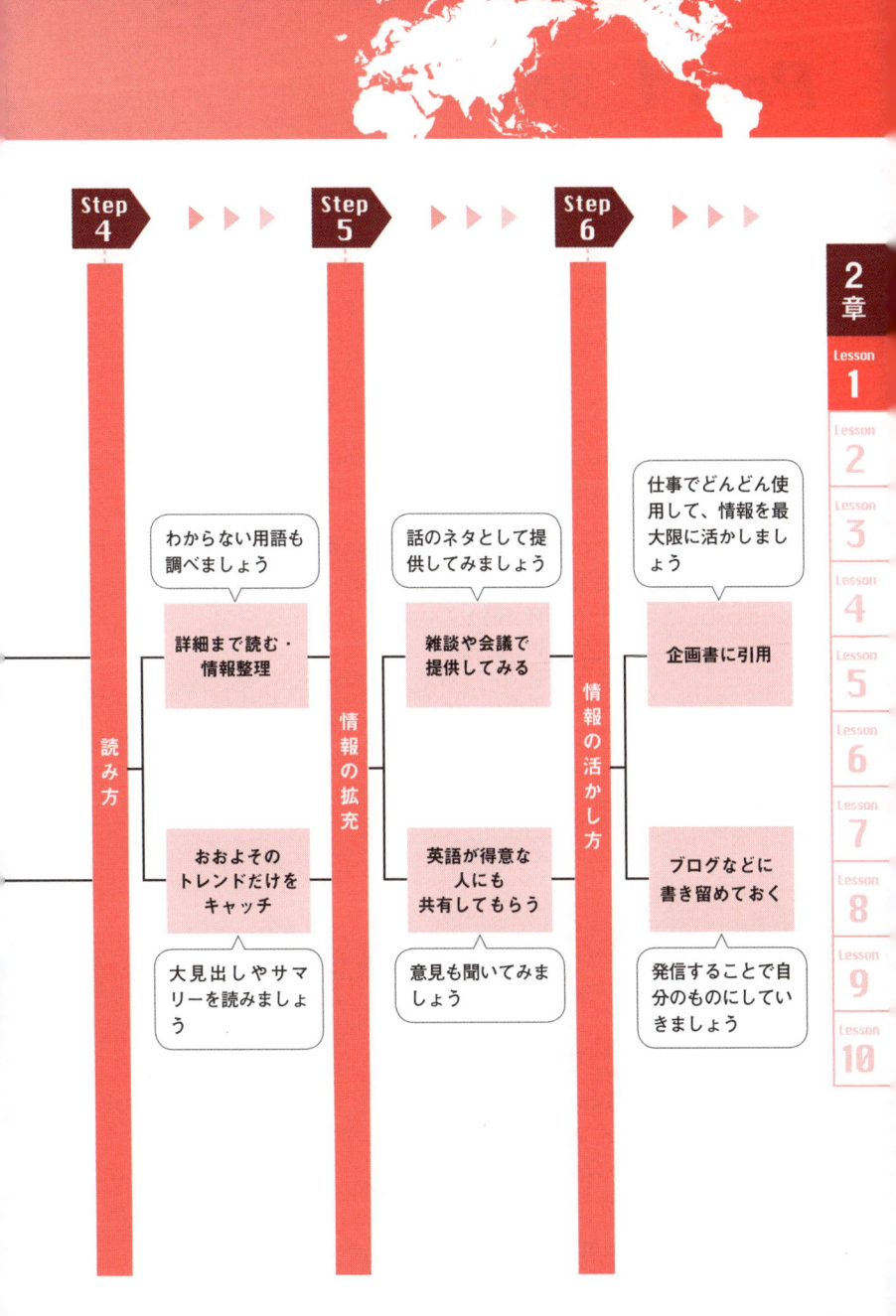

Lesson 1
Part 1 情報収集①

🙋 Taro, what do you usually use to get information?

🙎 Me? Information sources? Well, the Internet is a good tool, but I know it's not enough.

🙋 What about newspapers?

🙎 I read the Maicho Shinpo every morning.

🙋 So how do you read the newspaper? Is there any particular way you read it?

🙎 I just read the headlines, although sometimes I feel as if I'm just following the letters and not really absorbing the information.

Words & Phrases
- **usually** 普段、いつも
- **Information** 情報
- **source** ソース、源
- **tool** ツール、道具
- **particular** 特別な、特定の

🧑‍🦰 吉屋 太郎　👩 先 育代

👩 太郎君は普段、情報収集にはどんなものを使ってるの？

🧑‍🦰 えっ、僕ですか？　情報源？　インターネットはいいツールだけど、十分じゃないしな……

👩 新聞はどうかしら？

🧑‍🦰 『毎朝新報』を毎朝読んでいますが……

👩 その新聞はどんな風に読んでるの？　何か太郎君ならではの読み方ってあるのかしら？

🧑‍🦰 ただ見出しを読んでいるんですが、活字が目に入ってくるだけで、情報として本当に吸収しているって感じはしないです。

- **headline**　見出し、ヘッドライン
- **although**　にもかかわらず、ただし
- **feel as if〜**　〜のように感じる
- **follow**　目で追う
- **absorb**　吸収する

Lesson 1
Part 2 情報収集②

🧑 Ikuyo-san, how about you?

👩 I just scan the headlines in the morning so that I can find interesting articles to talk about with my clients. Then I read those articles carefully.

🧑 Wow, you use the information you find right away at work. I won't be doing business negotiations for a while yet.

👩 I think information really becomes yours once you use it. I advise you to find opportunities to use the information you gathered. You can start by sharing your information at work. For example, when you go out to lunch with your boss, you can say "I saw this article in Maicho Shinpo this morning…."

🧑 I see. So, you're saying that the important thing is to somehow use the information you take in. Anything else?

Words & Phrases

- **scan~** 〜にざっと目を通す、斜め読みする
- **interesting** 興味深い、おもしろい
- **article** 記事
- **client** 顧客、クライアント
- **business negotiation** 商談、交渉

🧑 育代先輩はどうですか？

👩 私は、午前中に見出しを斜め読みして、その日の商談でお客様と話すための興味深い記事を見つけるようにしているわ。それから、選んだ記事をじっくり読むわ。

🧑 そっかあ、育代先輩は収集した情報をすぐに仕事で活かしているんですね。僕は今のところ商談なんてあんまりないし……

👩 情報は、使うことで身につくと思うのよ。太郎君も収集した情報を使う場を見つけるといいわね。自分の情報を職場で共有することから始められるわよ。たとえば、上司と昼食に行くときに、「今朝、『毎朝新報』でこんな記事が出ていました」と切り出してみるとか。

🧑 なるほど、得た情報を何らかの形で使うというのがポイントですね。他に何かありますか？

- **advise**　助言する、アドバイスする
- **opportunity**　機会
- **gather**　収集する
- **for example**　たとえば
- **somehow**　どうにか、何らかの形で

Lesson 1
Part 3 空間軸と時間軸

 Well, I am always aware of the space and time axes.

 What do you mean?

 Take a newspaper article, for instance. Basically a newspaper article talks about what is happening now. You need to think, however, what was happening before then and what will happen in the future as well. Nobody knows what will happen in the future, but if you know the past and present, you can pretty much predict it.

 So that's time. What about space?

 If you are reading an article about Japan, you should also think about what is happening in other countries. Similarly, if you are reading about other countries, think about what is happening in Japan.

 In other words, it is important to know about the past and future as well as the present and compare them with other facts. I need to broaden my perspectives, right?

 Exactly!

Words & Phrases
- **be aware of 〜**　〜を意識する
- **axes**　軸（**axis**）の複数形
- **mean**　意味する
- **future**　未来
- **past**　過去

🧑 吉屋 太郎　　👩 先 育代

👩 そうね、時間軸と空間軸を常に意識しているわね。

🧑 どういう意味ですか？

👩 たとえば新聞記事をとりあげてみるわね。基本的に、新聞には今起こっていることが書かれているものよね。だけど、「これまではどうだったのか？」とか、「今後はどうなっていくのかな？」と想像してみるの。未来のことは誰にもわからないけれど、過去と現在のことがわかれば、かなり予測はできるはずよ。

🧑 それが時間軸ということですね。空間軸は？

👩 日本についての記事を読んでいるときは、他の国々ではどうなっているのかも考えてみるの。同様に、外国についての記事を読んでいるときは、日本ではどうなっているのか想像してみるのよ。

🧑 要するに、現在同様、過去や未来について知り、他の事実と比較することが大切なんですね。視野を広げる必要があるということですね？

👩 そのとおり！

- **present** 現在
- **predict** 予測する
- **compare A with B** AをBと比較する
- **broaden** 広げる
- **perspective** 視野、視点

Lesson 1
Part 4 まずは身近なところから

Since you have overseas experience, I thought you wouldn't read Japanese newspapers, just international ones.

Japanese newspapers serve as a basis. After reading them, I read overseas newspapers. I introduce articles I find interesting in my blog. If you get a chance, please read it!

That sounds very interesting. I will definitely read it.

Thank you. You know, being sensitive to information doesn't come naturally. As the saying goes "Rome wasn't built in a day," take your time to find your own way to gather and use information effectively. I suggest that you start out small. For example, why don't you start with an article a day and then build on it!

Words & Phrases

- **overseas experience** 海外経験
- **introduce** 紹介する
- **definitely** 確かに
- **sensitive** 敏感な
- **naturally** 自然に

🧑 帰国子女の育代先輩は、日本の新聞なんて読まず、海外紙だけ読んでいると思ってました。

👩 日本の新聞は基本として役立っているわ。私は、日本の新聞を読んでから、海外紙に目を通しているの。興味を持った記事については、自分のブログで紹介するようにしているわ。機会があったら、私のブログ読んでね。

🧑 とても面白そうですね。ぜひ読みます！

👩 ありがとう。でも、こうした情報感度って一朝一夕で身につくものではないわ。ことわざにもあるわよね、「ローマは一日にしてならず」って。時間をかけて、自分なりの情報収集スタイルを見つけて、効果的に活用していくといいわ。小さなことから始めてみるといいんじゃない？　たとえば一日ひとつの記事から始めて、積み重ねていってはどうかしら？

- **Rome wasn't built in a day**　ローマは一日にして成らず
- **effectively**　効果的に、効率的に
- **suggest**　提案する
- **start out small**　小さいことから始める
- **build on**　〜の上に築く

Lesson 1
すぐに使える表現 10

英 語	和 訳
What do you use to get information?	情報を得るのに何を使いますか？
How about newspapers?	新聞はどうですか？
How do you read newspapers?	あなたは新聞をどう読みますか？
Is there any particular way you read it?	何か特別な読み方があるのですか？
What do you mean?	どういう意味ですか？
What about space?	空間はどうですか？
Take a newspaper article, for instance.	新聞を例に取ってみると
Anything else?	他には？
You are saying that you are not really happy with the news.	つまり、あなたはそのニュースをあまり歓迎していないということですね。
In other words, information gathering is very important for good communication.	言い換えると、よいコミュニケーションのためには情報収集がとても重要です。

その他ヒントや言い換え

What do you + use + to V ? （Vするのに何を使いますか？）

How about＋○○ は使い勝手のよいフレーズで、提案や代替案を出すときに使えます。How about coffee?　（コーヒーいかがですか？）

How do you + 動詞 + ○○?「○○をどうしますか？」 How do you use ○○? （どうやって○○を使いますか？） How do you find ○○? （どうやって○○を見つけますか？）

Anything particular?　（特に何かありますか？）

I don't understand.（わかりません）　Could you explain that?（それを説明していただけますか？）

What about ○○はHow about ○○と同様に使うことができます。

Take ○○, for instanceあるいは ○○ for exampleで、「○○を例に取ると」。　For example, for instanceを文頭にすると、For example, a newspaper（たとえば、新聞）

Is there anything else? (他に何かありますか？)　Do you have anything to add?（何か追加することはありませんか？）

You are saying～,（あなたの言っていることは～）などは、相手の発言内容を自分の言葉に言い換えて確認する際に使用します。What you are saying is.（あなたの言っていることは～です）

In other words ～（言い換えると）は、相手の言っていることを自分の言葉に言い換えて内容を確認する際に使用します。

Lesson 2

自己紹介で相手に自分を印象づけよう

ビジネスアドバイス

自己紹介のポイントは、2つあります。1つ目は、状況に応じてどこまで自分のことを話すべきか見極めること。2つ目は、短いながらも自分らしさを相手に伝えられるネタを持っておくことです。何を話してよいかわからない人は、まずは自分の名前について多少語ることができるようになっておくとよいでしょう。

スキットの背景

グローバルビジョンは各国の支社持ち回りで、グローバルミーティングを開催することになっています。今年は日本支社が担当しています。はじめて顔をあわせるメンバーもいるので、まずは参加者全員の自己紹介からはじめていきます。

☑ CHECK!

| 1回目 ☐ | 2回目 ☐ | 3回目 ☐ | 4回目 ☐ | 5回目 ☐ |

Fight!

Excellent!

Lesson 2
自己紹介展開チャート

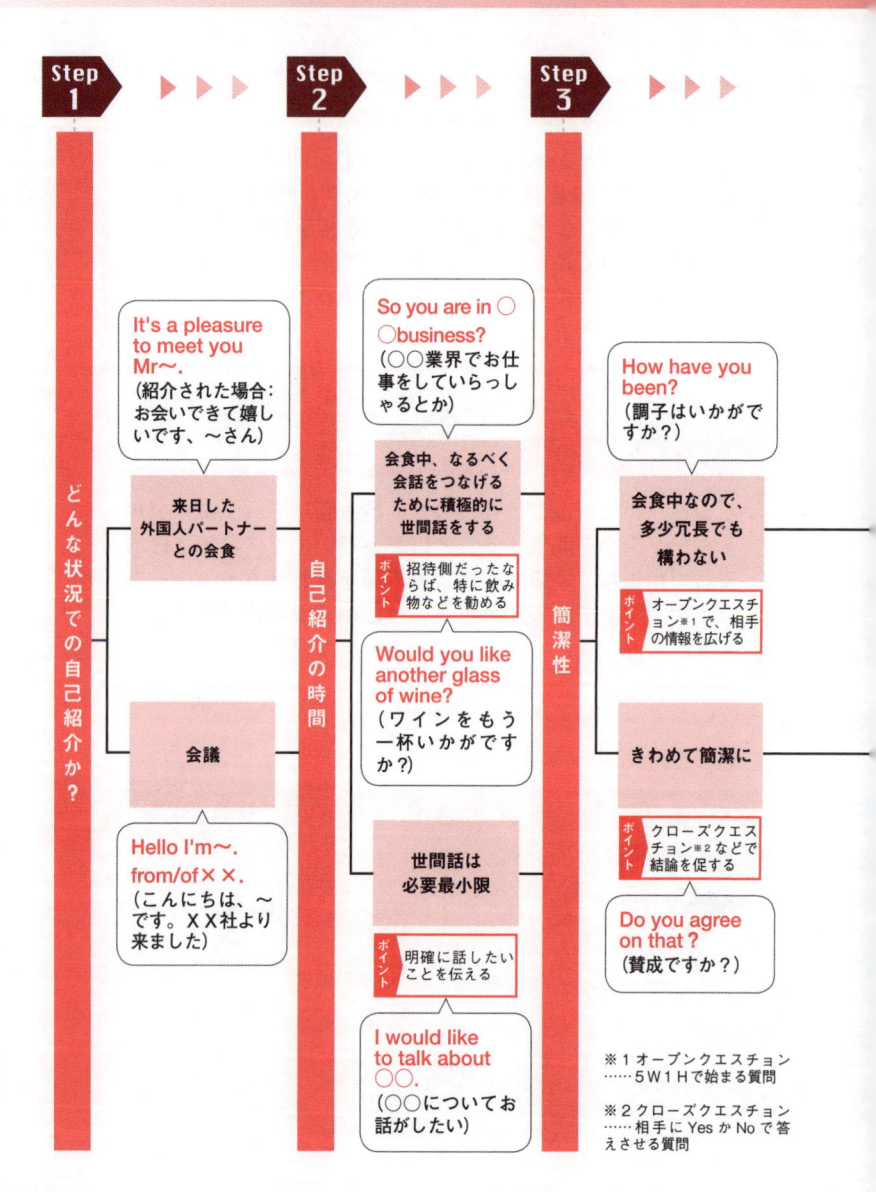

Step 1 ▶▶▶ **Step 2** ▶▶▶ **Step 3** ▶▶▶

Step 1：どんな状況での自己紹介か？

- 来日した外国人パートナーとの会食
  - It's a pleasure to meet you Mr～.
  （紹介された場合：お会いできて嬉しいです、～さん）
- 会議
  - Hello I'm～. from/of ××.
  （こんにちは、～です。××社より来ました）

Step 2：自己紹介の時間

- 会食中、なるべく会話をつなげるために積極的に世間話をする
  - So you are in ○○ business?
  （○○業界でお仕事をしていらっしゃるとか）
  - **ポイント** 招待側だったならば、特に飲み物などを勧める
  - Would you like another glass of wine?
  （ワインをもう一杯いかがですか?）
- 世間話は必要最小限
  - **ポイント** 明確に話したいことを伝える
  - I would like to talk about ○○.
  （○○についてお話がしたい）

Step 3：簡潔性

- 会食中なので、多少冗長でも構わない
  - How have you been?
  （調子はいかがですか？）
  - **ポイント** オープンクエスチョン※1で、相手の情報を広げる
- きわめて簡潔に
  - **ポイント** クローズクエスチョン※2などで結論を促す
  - Do you agree on that?
  （賛成ですか？）

※1 オープンクエスチョン……5W1Hで始まる質問

※2 クローズクエスチョン……相手にYesかNoで答えさせる質問

Step 4 ▶▶▶ Step 5 ▶▶▶ Step 6

Step 4: 相手との距離感

> I heard you play golf, would you like to play golf with me this weekend?
> (ゴルフをなさるとお聞きしましたが、今週末ゴルフなどいかがですか?)

- お酒も入るだろうから、できれば緊密になりたい
  - **ポイント** ビジネス以外の活動に誘ってみる

- 相手の出方を見ながら距離を調整
  - **ポイント** 相手の情報を具体的に引き出す質問をしてみる

> Could I get your opinion on the subject?
> (この議題についてご意見いただけますか)

Step 5: 一番伝えたい情報

> I climbed Mt. Everest when I was in college.
> (大学のときにエベレストに登山しました) など普通とちょっと違うエピソード

- 明日以降思い出してもらえる個性的なエピソード

- 自分の業務について話す

> I am in charge of product development.
> (製品開発を担当しています)

Step 6: 情報の活かし方

> Yama means mountain and da means rice field.
> (山は山、田は田んぼの意味です)

- 名刺の漢字を使って、自分の名前を覚えてもらう
  - **ポイント** 漢字一つひとつの意味を説明してみる

- 成功した業績を1つだけ紹介する
  - **ポイント** 最近販売した商品や実施したプロジェクトなどを述べる

> We just launched the new~ last year.
> (昨年新しい~の販売を開始しました)

2章

Lesson 1
Lesson 2
Lesson 3
Lesson 4
Lesson 5
Lesson 6
Lesson 7
Lesson 8
Lesson 9
Lesson 10

Lesson 2
Part 1 自己紹介 ①

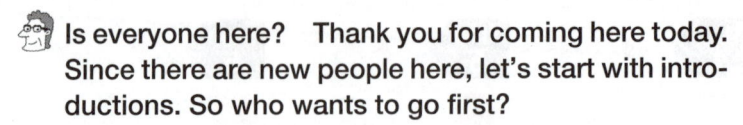

🧑 Is everyone here?　Thank you for coming here today. Since there are new people here, let's start with introductions. So who wants to go first?

👩 How about doing the self-introductions clockwise?

🧑 That sounds great. Let's start with you, Ikuyo!

👩 Me? All right. Since I brought it up···. I'll make it short, so that we can get on with the meeting. My name is Ikuyo Saki. If you say my last name first, "Saki Ikuyo," it sounds like the Japanese for "I will go first."

🧑 I think your name is perfect for you.

👩 Really? Do you think so? Actually "iku", the Chinese character for my name, means to nurture. Just like my name, let's build our business together!

🧑 Well said Ikuyo-san!

Words & Phrases

- **self-introduction**　自己紹介
- **clockwise**　時計回り
- **sounds great**　いいですね
- **bring ~ up**　～を持ち出す、～を言い出す
- **get on with ~**　～をどんどん進める

🧑 全員そろいましたか？　本日はお集まりいただきありがとうございます。初顔合わせの方もいらっしゃるので、自己紹介から始めましょう。さて、誰からはじめましょうか？

👩 時計回りでの自己紹介はどうでしょうか？

🧑 それはいいですね。では、育代から始めましょう。

👩 私から？　わかりました。私が言いだしっぺですから……みなさんが議論にすぐ入れるよう、手短に話します。私は先育代と申します。苗字を先に言うと、「さきいくよ」になり、日本語では「I will go first!」と聞こえます。

🧑 君にぴったりな名前だね。

👩 本当ですか？　そう思いますか？　実は、私の名前の「育」という漢字は、「育てる」という意味を持っているんですよ。私の名前のように、私たちのビジネスを一緒に育てあげていきたいですね。

🧑 育代先輩、うまいこと言うなぁ〜。

- **last name**　姓
- **perfect**　完璧な、ぴったりな
- **actually**　実際に
- **Chinese character**　漢字
- **nurture**　育てる

Lesson 2
Part 2 自己紹介 ②

- I find it interesting that each Chinese character has a different meaning. The next person is also from a country using Chinese characters. Please, Ms. Wen....

- I'm Wen Meixiang from the Shanghai office. Today I'd like to present figures showing you how popular our services are in the Chinese market. Of course, I'd love to know how they are doing in other countries, too. In China, the consulting business itself hasn't been widely recognized yet. I hope that information from other countries will help me find ways to strengthen our consulting business presence in the Chinese market. Nice to meet you all.

- Staff from other countries are very interested in the growing sales in the Asian market. I believe we can learn a lot from that information. I'm looking forward to Ms. Wen's presentation.

Words & Phrases
- **different**　異なる
- **meaning**　意味
- **person**　人
- **present**　〜を見せる
- **figures**　数値

🧔 それぞれの漢字が、それぞれ違った意味を持っているのは興味深いですね。次の方も、漢字圏の国から来られた方です。温さん、お願いします。

👩 上海支社から来ました温 美香（Wen Meixiang）と申します。今日は、私たちのサービスが、中国市場でどれだけ人気があるのか、さまざまな数値データを使ってみなさんにご紹介します。もちろん、他の国での状況もぜひ知りたいです。中国の企業ではコンサルティングというビジネス自体、まだ認識されていません。他の国の情報に、中国市場でのコンサルティングビジネスの存在感を向上させるヒントがあるのではないかと期待しています。みなさん、よろしくお願いいたします。

🧔 アジアの売り上げの伸びには、他の国のスタッフも強い関心を持っています。そこから学ぶこともたくさんあるはずですね。温さんのプレゼン、楽しみにしています。

- ■ **show** 見せる
- ■ **popular** 人気がある
- ■ **market** 市場、マーケット
- ■ **grow** 成長する、伸びる
- ■ **be looking forward to** 〜　〜を楽しみにしている

Lesson 2
Part 3　自己紹介 ③

Thank you. Last but not least, Taro-san please.

Hi everybody. I'm Taro Yoshiya. In Japanese, when my name is said out loud -- "Yoshiyataro" -- it means " OK I'll do it." So if you call out my name loudly, " Yoshiyattaro!," people will think you are a very energetic individual. I've worked here for a year, and poor Ikuyo-san has been burdened with the task of supervising me. Please call me Taro.

Taro, thank you for your unique self-introduction. I didn't realize your name had such a meaning. By the way the Yoshi in Yoshiya means "lucky," right? So your name means Lucky Taro?

Well yes! I think being able to work in this company has been my greatest luck. I will do my best to become one of the most valuable staff, so that the company will think itself lucky for hiring me!

Words & Phrases
- **last but not least**　最後になりましたが
- **out loud**　大きな声で
- **energetic**　エネルギッシュな
- **individual**　個人
- **burden with〜**　〜を負わせる

🧑 ありがとう。最終バッターは太郎だね。よろしく。

👦 みなさん、こんにちは。私は、吉屋太郎といいます。日本語で僕の名前を「よしやったろう！」と大きな声で呼ぶと、「OK! I'll do it.」という意味になります。ですから、僕の名前を大きな声で呼ぶと、その人はとてもエネルギッシュな人と思われますよ。入社1年目ですが、気の毒なことに、育代先輩が私を指導する任務を負ってくれています。私のことは「太郎」と呼んでください。

🧑 太郎、ユニークな自己紹介ありがとう。君の名前にそんな意味があるなんて知らなかった。ところで、吉屋の吉って、「幸運」という意味があるんだよね？ つまり、君の名前は「幸運な太郎」ってことになるのかな？

👦 あぁ、そうですね！ この会社で働けることが最大の幸運です。最も価値があるスタッフになれるよう精一杯がんばって、この会社に僕を雇い入れたことを幸運と思っていただきたいですね！

■ **supervise** 監督する
■ **realize** 実現する、よくわかる
■ **by the way** ところで
■ **valuable** 価値のある、貴重な
■ **hire** 雇う

Lesson 2
すぐに使える表現 10

英 語	和 訳
Thank you for coming here today.	今日は参加してくれてありがとう。
That sounds great.	いいですね。
I'll make it short.	手短に済ませます。
Today I'd like to show you last quarter's business results.	本日は皆様に前四半期の事業実績をお見せします。
Nice to meet all of you.	皆様にお会いできてうれしいです。
Please call me Taro.	太郎と呼んでください。
Yoshiyattaro means "OK I'll do it" in Japanese.	吉屋太郎は日本語で「よしやってやろう」という意味になります。
I'd like you to meet Ms. Ikuyo Saki, my supervisor.	私の指導者の先育代を紹介します。
I'm in charge of the new project.	私は新しいプロジェクトの担当者（責任者）です。
I work in the purchasing division.	私は調達部で働いています。

その他ヒントや言い換え

I would like to thank all of you for participation.（皆様に参加していただいて感謝を述べたいです）は、少し固めの挨拶になります。特に誰かに感謝を表したいときは、I would like to express my appreciation to ○○（人の名前：Max）for △△（何で：arranging everything for this event）（このイベントの手配をすべてしてくれたマックスに感謝します）

of course（もちろん）, sure（承知しました）, no problem（問題ないです・大丈夫です）, great idea（いい考えですね）など、承諾にはさまざまなバリエーションがあります。丁寧な言い方はI would love to（ぜひ）

I'll be brief.（手短にします）

I'd like toは I want to（〜したい）の丁寧な言い方です。Showのほかに present（提示する）、introduce（紹介する）なども使えます。

youだけでもいいのですが、ここでallを使うことで、「全員に」というニュアンスを強めることができます。niceのほかには、glad、pleasureも使えます。It's a pleasure to meet you all.（皆様にお会いできて光栄です）

You can call me Taro.（太郎と呼んでいただいて結構です）

My name means ○○.（私の名前の意味は○○です）

人を紹介するときにこのフレーズが使えます。I'd like to introduce you to ○○（あなたに○○を紹介させてください）

製品などの担当でもin charge of を使うことができます。部門などの責任者の場合は、I am responsible for ○○（○○の責任を担っています）I mainly handle ○○（○○を主に扱っています）。

自分が属する部門などを紹介するときに使用します。自分が属している会社を述べるときはI work for ○○ company.（○○社で働いています）。業界は、I work in the ○○（業界名）business/industry.

Lesson 3

Eメールによるコミュニケーション

ビジネスアドバイス

Eメールコミュニケーションのポイントは、2つあります。1つは、何はともあれ、相手からのメールを受け取ったことを迅速に伝えることです。返信が遅くなってしまうと、相手側は、自分が送ったメールが届いたのかどうかわからず気を揉むことになるからです。2つ目は、「結論と説明」というセットを常に忘れないことです。特に相手に何かを依頼するときには、背景や理由も添えるようにしましょう。

スキットの背景

太郎君は、企業に経営上のアドバイスや人材育成のプログラムを提供するコンサルティング会社に勤務しています。人材育成プログラムに関しては、多くの外部委託講師や教育会社と提携してます。さまざまなところにアンテナを張り巡らし、優良なサービスを提供できる供給会社を見つけるのも太郎君の仕事です。今朝の新聞でその候補を見つけた太郎君ですが、どうやってその企業と連絡をとったらよいか思案に暮れているようです。

☑ CHECK!

1回目	2回目	3回目	4回目	5回目

Fight!

Excellent!

Lesson 3
Eメール展開チャート

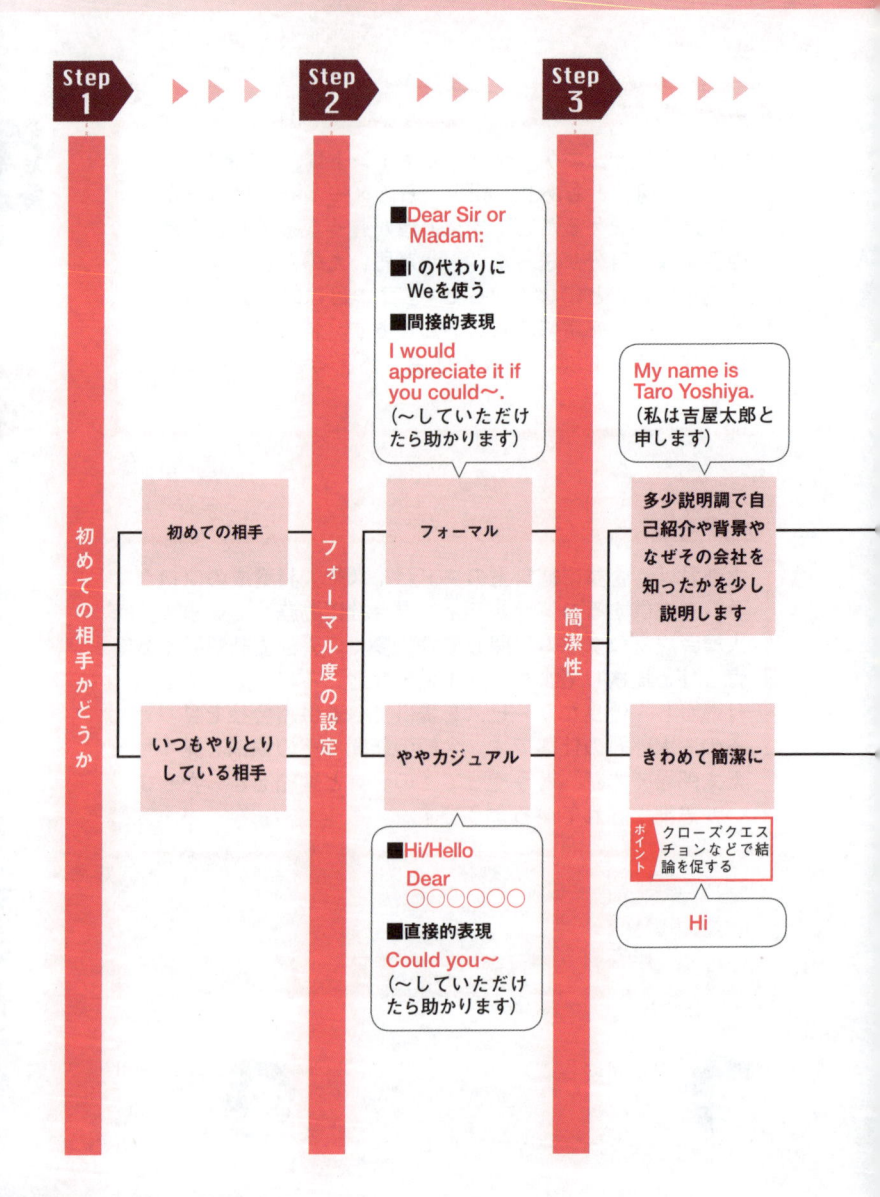

Step 1 ▶▶▶ **Step 2** ▶▶▶ **Step 3** ▶▶▶

初めての相手かどうか

- 初めての相手
- いつもやりとりしている相手

フォーマル度の設定

- フォーマル
  - ■Dear Sir or Madam:
  - ■I の代わりに We を使う
  - ■間接的表現
    I would appreciate it if you could〜.
    (〜していただけたら助かります)
- ややカジュアル
  - ■Hi/Hello Dear ○○○○○○
  - ■直接的表現
    Could you〜
    (〜していただけたら助かります)

簡潔性

- 多少説明調で自己紹介や背景やなぜその会社を知ったかを少し説明します
  - My name is Taro Yoshiya.
    (私は吉屋太郎と申します)
- きわめて簡潔に
  - Hi
  - **ポイント** クローズクエスチョンなどで結論を促す

Step 4

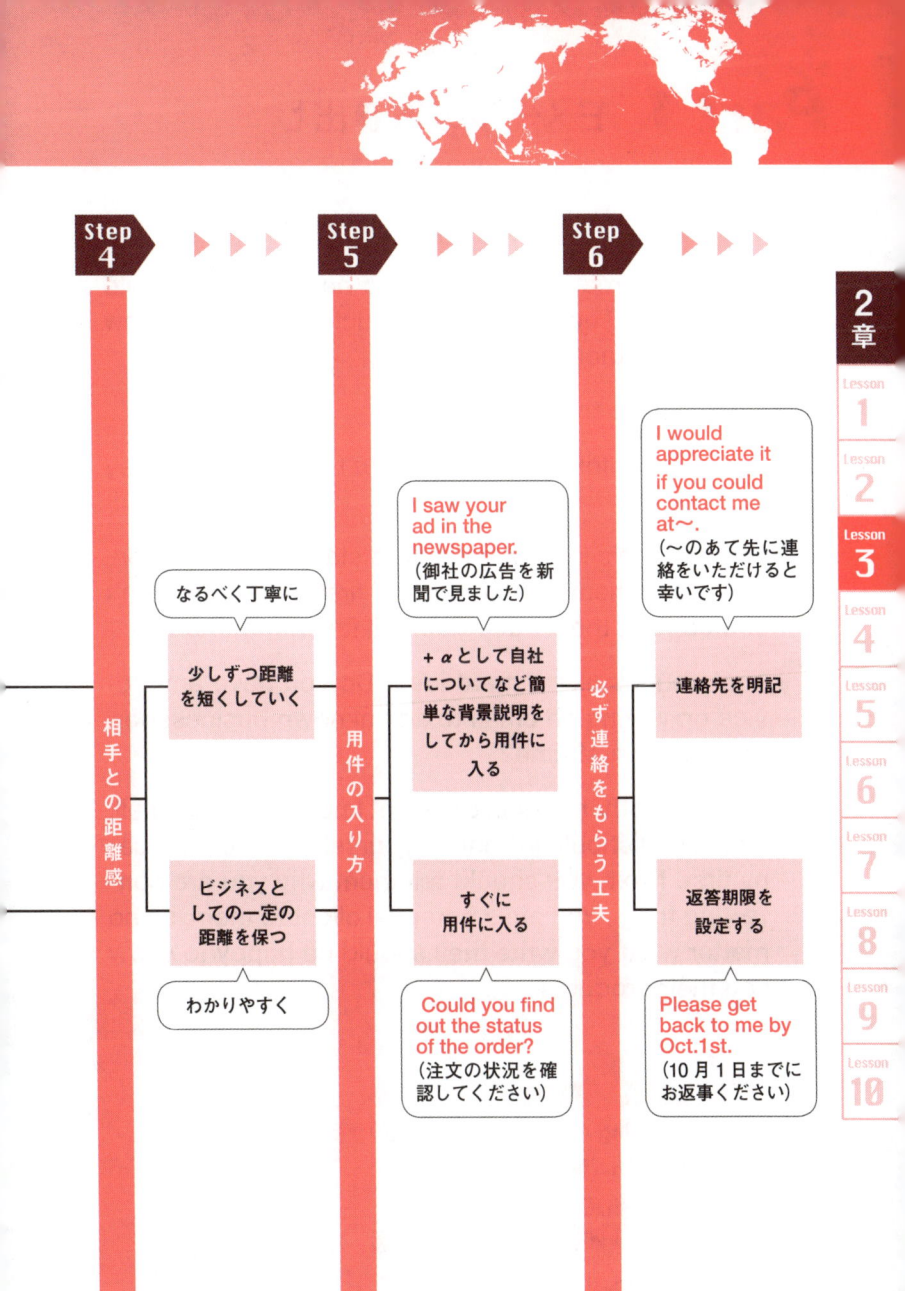

相手との距離感

- なるべく丁寧に
  - 少しずつ距離を短くしていく
- ビジネスとしての一定の距離を保つ
- わかりやすく

Step 5

用件の入り方

- I saw your ad in the newspaper.
  （御社の広告を新聞で見ました）
- ＋αとして自社についてなど簡単な背景説明をしてから用件に入る
- すぐに用件に入る
- Could you find out the status of the order?
  （注文の状況を確認してください）

Step 6

必ず連絡をもらう工夫

- I would appreciate it if you could contact me at～.
  （～のあて先に連絡をいただけると幸いです）
- 連絡先を明記
- 返答期限を設定する
- Please get back to me by Oct.1st.
  （10月1日までにお返事ください）

Lesson 3
Part 1 Eメールの書き出し

🧑‍🦰 What's going on Taro? You seem to be troubled.

👦 I found a great company in the newspaper. I would like them to show me their products, but I don't know how to contact them.

🧑‍🦰 Do you have their contact info?

👦 I have the information. I just don't know what to say to them.

🧑‍🦰 I suppose it's kind of difficult to start a conversation, if you call them directly for the first time. Why don't you contact them through email first?

👦 That sounds like a great idea. Do you have any advice on writing an email to an unknown businessperson for the first time?

🧑‍🦰 Since the other person does not know about us at all, I think you should introduce yourself and our company first. Next, you should tell them why you are contacting them. You are a potential client to them, so no matter what you write they should be happy to show you their products.

Words & Phrases
- **what's going on**　どうなっているのか
- **be troubled**　悩む
- **product**　製品
- **contact**　連絡する、コンタクトする
- **I suppose〜**　〜と思う

🧑 どうしたの、太郎君？　ずいぶんと悩んでいるようだけど。

👨 新聞記事ですごくいい会社を見つけたんですよ。一度、そこの会社の商品説明を受けてみたいんだけど、どうやって連絡したらいいかわからないんですよ。

🧑 連絡先情報はあるの？

👨 あります。でも、どうやって切り出したらいいかわからないんです。

🧑 いきなり電話で問い合わせても、何をどう話していいかわからないものね。Eメールで最初にコンタクトをとってみたらどうかしら？

👨 それがよさそうですね。初めての相手にEメールを出す際のアドバイスに何かありますか？

🧑 相手はわたしたちのことをまったく知らないのだから、自己紹介と自社紹介から始めるといいわね。次に、相手に連絡することになった経緯を伝えるのよ。相手にとってこちらは将来のお客さんだから、どんな書き方であっても、喜んで商品を説明してくれるはずよ。

- **conversation**　会話
- **directly**　直接に
- **potential**　潜在的な、見込みのある
- **no matter what〜**　たとえ何が〜であろうとも
- **be happy to 〜**　喜んで〜する

Lesson 3
Part 2　Eメールの口調

That's true. I suppose the important thing is how to go forward with the business deal after I receive their product information.

You don't need to worry about that at this point. Let's start with something simple.

Okay. Since this is the first contact, I should write in a formal style, right?

It's an email so you don't need to make it THAT formal.

Thank you. I think I've got it. Do you have any suggestions for how to reply to an email?

Well, you need to let them know you received their email as soon as possible. If you don't, they will worry whether their email was received or not.

That's an important point. I feel bad about taking time replying to them. Before, I tried writing them a well-written English email and it took me a long time to get back to them.

Words & Phrases
- **go forward with〜**　〜を推し進める
- **business deal**　ビジネス上の取引
- **receive**　受け取る
- **worry**　心配する
- **formal**　フォーマル

🧑 そうですよね。重要なのは、商品情報を受け取ってから、ビジネスをどう展開させていくかということですね？

👩 今の段階で心配する必要はないわ。まずは簡単なことから始めましょうよ。

🧑 わかりました。初めての相手だから、フォーマルな感じで書くべきですよね？

👩 Eメールだから、そんなにフォーマルにする必要はないと思うわ。

🧑 ありがとうございます。わかりました。Eメールに返信するときの留意点って何かありますか？

👩 そうね、Eメールを受け取った旨だけでも、速やかに返信しておくことね。そうしないと、相手側は、自分が送ったメールが受け取られているのかどうか気を揉むことになるから。

🧑 それは大切なポイントですね。Eメールの返信に時間をかけるのは申し訳なく感じています。これまでは、立派な英文を書こうとして返信に時間をかけすぎていました。

- **reply** 返信する
- **as soon as possible** できるだけ早く
- **feel bad about〜** 〜を申し訳なく思う
- **take time** 時間を割く
- **well-written** よく書かれた

Lesson 3
Part 3　Eメールのスタイル

🙍‍♀️ For example, just writing a few standard replies such as "I received your September 9th email. I will get back to you as soon as possible" or "Could you give us time to think about it? I will get back to you by the end of this month" is good.

🙍‍♂️ Thanks. Ikuyo-san, do you use bullets in emails?

🙍‍♀️ It depends on the time and occasion. For in-company memos I use them a lot, but for more formal emails I might use them less.

🙍‍♂️ I see.

🙍‍♀️ Since you will be taking over my job someday, I will show you some email correspondence I have. You can use them as references. I believe they will help you.

🙍‍♂️ Thank you. That's great.

Words & Phrases
- **standard**　標準的な
- **such as〜**　〜などのような
- **get back to**　〜に返事をする、〜に戻る
- **bullet**　箇条書き（箇条書きにする文の前につける黒点）
- **depend on〜**　〜による、〜に依存する

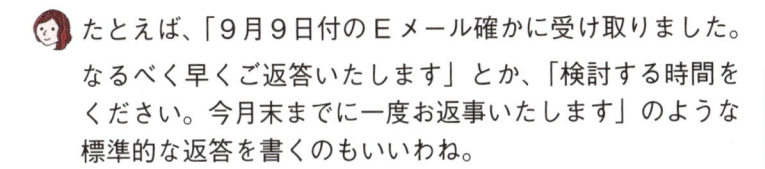

🧑‍🦰 たとえば、「9月9日付のEメール確かに受け取りました。なるべく早くご返答いたします」とか、「検討する時間をください。今月末までに一度お返事いたします」のような標準的な返答を書くのもいいわね。

👨 ありがとうございます。育代先輩は、Eメールで箇条書きは使いますか？

🧑‍🦰 時と場合によるわね。社内の事務連絡では多用する一方で、フォーマルなEメールでは、少なめに使うわ。

👨 なるほど。

🧑‍🦰 いずれ太郎君が私の仕事を引き継ぐことになっているけれど、私のこれまでの英文Eメールのやりとりを太郎君に見せるわね。参考として使ってね。きっと役に立つはずよ。

👨 ありがとうございます。助かります！

- **time and occasion**　時間と場合
- **in-company**　社内の
- **less**　より少なく、少なめに
- **correspondence**　通信、やりとり
- **reference**　参考、参照

Lesson 3
すぐに使える表現 10

英 語	和 訳
What's going on Taro?	太郎君どうしたの？
Why don't you contact them through email first?	Eメールでまずは連絡をしてみたら？
Do you have any advice on that?	それについて何かアドバイスがありますか？
No matter what you do, they will be happy with you.	何をするとしても、彼らはあなたに対して好意的ですよ。
Let's start with something simple.	簡単なものから取りかかりましょう。
I think I've got it.	理解できたと思います。
Do you have any suggestions as to how to reply to an email?	Eメールにどんな返事をしたらいいか、何か提案はありますか？
You need to let them know.	あなたは相手に知らせておく必要があります。
I feel bad about that.	申し訳なく感じています。
I will get back to you as soon as possible.	できる限り早くお返事します。

その他ヒントや言い換え

同僚やある程度親しい相手なら、このように話しかけてもいいでしょう。
Are you OK?（大丈夫ですか？）

Why don't you（○○したらどうですか）は、提案のフレーズです。How about（どうですか？）も同様に使用できます。なおWhy don't we（○○を一緒にしませんか？）ではweを使うことで、「一緒に」という誘い文句になります。

Could you give me any advice on that?（アドバイスをいただけませんか？）I'd appreciate any help on that.（どのような手助けでも感謝します）

No matter what you do,（あなたが何をしても）It doesn't matter.単独では「それは関係ない／もういいよ」という意味になるので気をつけましょう。

somethingの形容詞は前ではなくて、後につけます。何か古いものであればsomething oldになります。

I think I understand.（理解できたと思います）

suggestionは前述のadviceと置き換えて使用することができます。

You need to tell them.（彼らに知らせる必要があります）

この場合のbadは悪いではなくて、申し訳ないという意味になります。

get back to youが「返事します」の意味になるので、会議などでもI'll get back to you later.（あとでお答えします）は使えます。As soon as possibleよりフォーマルな言い方をしたい場合は、at your earliest convenience（あなたの都合がつき次第）を使うといいでしょう。

Lesson 4

会社紹介

ビジネスアドバイス

新しい取引先には、まずは会社紹介をしましょう。会社紹介のポイントは3つあります。1つ目は相手先に合わせ、会社機能のどの部分に最も興味をもってもらえるかを想定し、一番のセールスポイントを絞り込むこと。2つ目は、ざっくりと組織全体の説明を行うこと。3つ目は、他社との比較や業界内でのポジショニングなど、会社を客観的に判断してもらえるような補足情報を提供することです。

スキットの背景

太郎君は、新しい取引先であるハコザキ・フィリップファーマを訪れています。なんといっても採用実績がモノを言うのですが、残念ながらハコザキ・フィリップファーマのような外資系企業での実績はあまり多くはありません。そこで、簡単な会社紹介を終えたあと、国内企業の豊富な実績を伝えるともに、ハコザキ・フィリップファーマと類似点が多いと推測されるマイクアンドジェームズ社の実例を紹介することにしました。

☑ CHECK!

1回目	2回目	3回目	4回目	5回目

Fight!

Excellent!

Lesson 4
会社紹介展開チャート

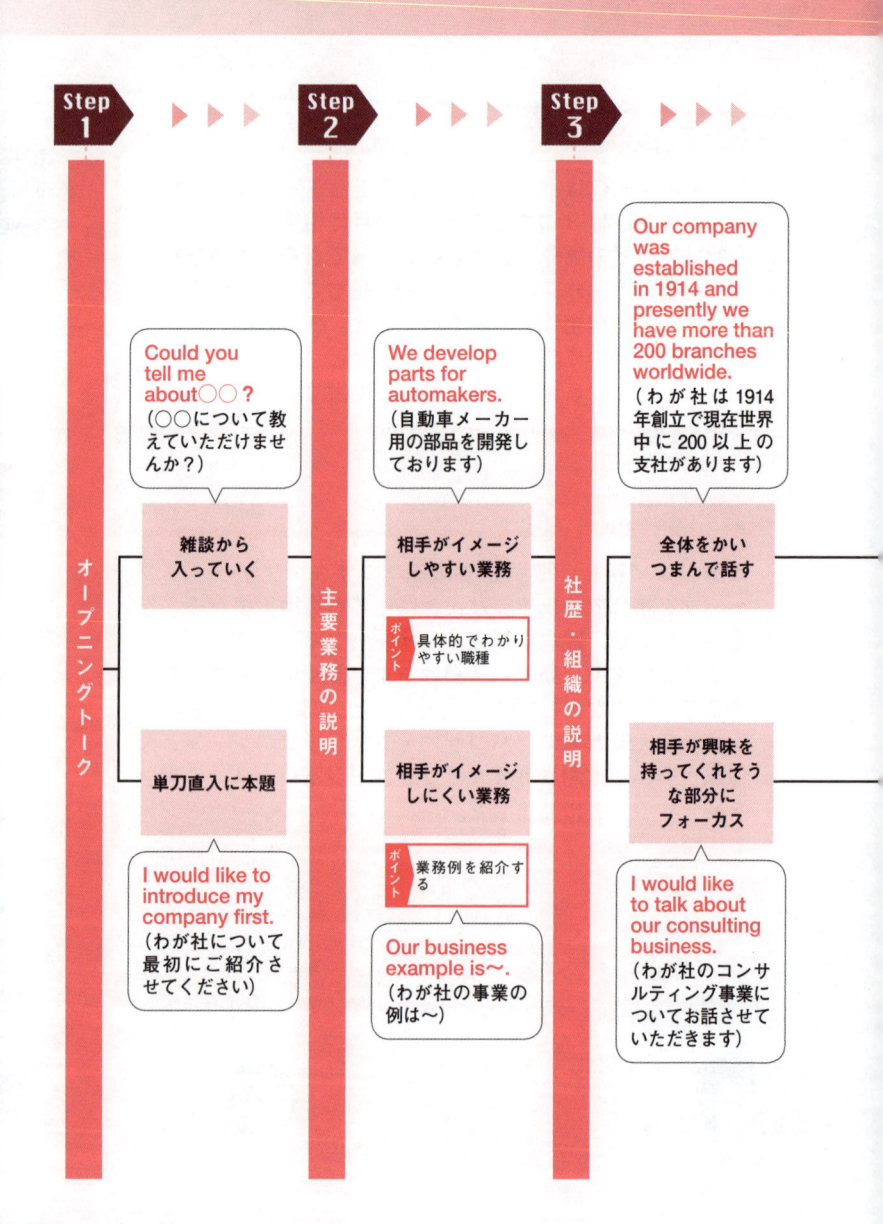

Step 1 ▶▶▶ **Step 2** ▶▶▶ **Step 3** ▶▶▶

オープニングトーク

- 雑談から入っていく
  - Could you tell me about○○?
  (○○について教えていただけませんか？)
- 単刀直入に本題
  - I would like to introduce my company first.
  (わが社について最初にご紹介させてください)

主要業務の説明

- 相手がイメージしやすい業務
  - We develop parts for automakers.
  (自動車メーカー用の部品を開発しております)
  - **ポイント** 具体的でわかりやすい職種
- 相手がイメージしにくい業務
  - **ポイント** 業務例を紹介する
  - Our business example is ~.
  (わが社の事業の例は〜)

社歴・組織の説明

- 全体をかいつまんで話す
  - Our company was established in 1914 and presently we have more than 200 branches worldwide.
  (わが社は1914年創立で現在世界中に200以上の支社があります)
- 相手が興味を持ってくれそうな部分にフォーカス
  - I would like to talk about our consulting business.
  (わが社のコンサルティング事業についてお話させていただきます)

Step 4 ▶ ▶ ▶ **Step 5** ▶ ▶ ▶ **Step 6** ▶ ▶ ▶

業績の説明

■成長分野の説明

Our quarterly sales figure is～.
（四半期の売上は～）

数字を使う
ポイント 相手が興味を持つ数字と実績を準備しておく

数字を出さない・あえて説明しない
ポイント あえて出さない場合も、数字は準備しておく

Despite the recession, our business is growing steadily.
（わが社の業績は不況にもかかわらず、安定して成長しています）

比較情報

Our product share is 40% of the market.
（わが社の製品は市場の40％を占めています）

他社との比較・業界内でのポジション
ポイント 具体的な数字をここでも準備しておく

あえて説明しない
ポイント 製品を引き立てる情報を準備しておく

We use proprietary technology in our products.
（わが社の製品は独占技術を使用しています）

トークを推し進めるか？ヒアリングに回るか？

Could I explain our services?
（我々のサービスについてご説明してもよろしいですか？）

サービスのコンセプトの説明

相手側への質問を向ける

Could you tell me your company's vision for this area?
（この分野における御社のビジョンを教えていただけませんか？）

2章 / Lesson 1 / Lesson 2 / Lesson 3 / **Lesson 4** / Lesson 5 / Lesson 6 / Lesson 7 / Lesson 8 / Lesson 9 / Lesson 10

Lesson 4
Part 1 挨拶

🧑‍🦱 It's been raining all morning. Is it still raining hard outside?

🧑 The rain is getting lighter. The weather forecast said the sky would be clear in the afternoon.

🧑‍🦱 Oh, I see.

🧑 Thank you for taking the time to meet me today.

🧑‍🦱 No problem. The pleasure is all mine. Would you like something to drink? We have coffee, tea and mineral water.

🧑 Thank you, mineral water please.

🧑‍🦱 Ah, a healthy choice.

🧑 Well, as a sales representative, I make sure to take care of myself. I wouldn't be able to work otherwise.

🧑‍🦱 That's a good policy. Here you go.

🧑 Thank you. I would like to talk to you briefly about our company.

🧑‍🦱 Please.

Words & Phrases
- **be raining hard** 雨が激しく降っている
- **all morning** 朝からずっと
- **weather forecast** 天気予報
- **The pleasure is all mine.** こちらこそ（ありがとうございます）
- **sales representative** 営業担当者

👩 今日は朝から雨降りですね。外はまだひどい雨ですか？

👨 勢いはなくなったみたいですよ。天気予報では午後から晴れると聞きましたが。

👩 そうですか。

👨 今日はお時間を作っていただきありがとうございます。

👩 どういたしまして。こちらこそありがとうございます。何かお飲み物はいかがですか？ コーヒー、紅茶、ミネラルウォーターがあります。

👨 ありがとうございます。ミネラルウォーターをお願いします。

👩 健康志向ですね。

👨 そうですね、営業として、自分自身の健康には気を遣っています。そうでないと仕事にならないですからね。

👩 いい心がけですね。さあどうぞ。

👨 ありがとうございます。それでは、弊社について簡単に紹介させていただきます。

👩 どうぞお願いします。

- **take care of～**　～に気を遣う、～の面倒を見る
- **otherwise**　そうでなければ
- **policy**　方針、ポリシー
- **here you go**　さあどうぞ
- **briefly**　簡潔に

Lesson 4
Part 2 自社紹介①

🧑 Globalvision's mission is to support our customers' businesses through global perspectives. Up until recently, our customers mainly have been Japanese businesses trying to globalize. But in the future, we plan to expand our business to multinational companies like yours. As you can see in our company brochure, our company consists of an administration division and a consulting division.

👩 I see. This year we increased our foreign employee ratio to 50% of our new hires. Our business priority is to make our Japanese employees more globally minded. We are especially interested in your consulting business.

🧑 Thank you. Our consulting division consists of consumer services and corporate services. I am a member of the corporate services team. We handle clients like MSFoods, Teikoku Automobiles, JP News Services, and Shumei RealEstate. Fortunately, even with the recession last fiscal year, our corporate division revenue increased 10% from the previous year.

Words & Phrases
- **mission** 使命、ミッション
- **recently** 最近
- **brochure** パンフレット、会社案内
- **administration** 管理
- **consumer** 消費者

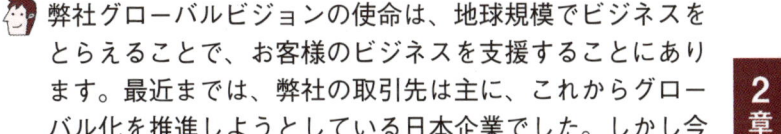

弊社グローバルビジョンの使命は、地球規模でビジネスをとらえることで、お客様のビジネスを支援することにあります。最近までは、弊社の取引先は主に、これからグローバル化を推進しようとしている日本企業でした。しかし今後は、御社のような多国籍企業に対してビジネスを拡大しようと考えています。弊社パンフレットにもありますように、弊社は、管理部門とコンサルティング部門から構成されています。

わかりました。今年、わが社では外国人社員比率を新卒ベースで50％まで上げました。急務は日本人社員のグローバルマインドの養成です。貴社のコンサルティング部分について特に興味を持っています。

ありがとうございます。コンサルティング部門は、消費者向けサービスと法人向けサービスに分かれております。私は法人向けサービスチームの一員です。主な取引先としては、ＭＳ食品、帝国自動車、ＪＰ通信社、秀名不動産などがございます。おかげさまでこの不況下でも、昨年の法人売り上げは、対前年比10％増でした。

- **priority**　優先順位、プライオリティ
- **recession**　不況
- **revenue**　収益
- **previous**　前の
- **fiscal year**　会計年度

Lesson 4
Part 3　自社紹介②

🧑‍🦱 That is an impressive list. You have many major Japanese corporations as clients. How about foreign-funded corporations like us?

👨 We believe that is our next challenge. We have a few foreign companies as clients. For example, we have proposed globalization training to Mike and James Co. and participated in formulating their "Globalway" program. The program goal is to educate all their employees to be more globally minded within three years. The company is in a different line of business from you, but I believe there are a lot of things that could be useful to your training program.

🧑‍🦱 I am very interested in that program. It would be great if we can organize a similar training system.

👨 We would participate in creating the system for you. Would you be interested in seeing some of our consultation cases with other companies?

🧑‍🦱 Yes, please. Our company has an immediate need to create a training system to prepare our employees for the global market and business situations.

Words & Phrases

- **impressive**　すばらしい、そうそうたる
- **major**　主要な、大手
- **foreign-funded**　外資系の
- **propose**　提案する
- **formulate**　整備する、備えさせる

🗨 そうそうたる企業ですね。大手日本企業が多いのですね。弊社のような外資系企業の実績はどうですか？

🗨 それが私たちの次の課題です。数社の外資系企業をクライアントとして持っています。たとえば、マイクアンドジェームス社にグローバル研修体系をご提案し、「グローバルウエイ」プログラムの策定に参画いたしました。このプログラムの目標は、3ヵ年で全社員をより一層グローバルマインドを持った人材に教育することです。この会社は貴社とは業種が違いますが、貴社の研修プログラムに役立つ部分もたくさんあると思います。

🗨 そのプロジェクト、とても興味がありますね。弊社も同じような教育体系ができたらおもしろいですね。

🗨 貴社のための体系作りに参画いたしますよ。他社でのコンサルテーション事例にはご興味ありますか？

🗨 はい、お願いします。わが社は、グローバルマーケットやビジネス状況に従業員たちに備えさせるため、教育体系の構築を急がなければなりません。

- **participate in~**　〜に参加する、〜に参画する
- **organize**　構築する、整理する
- **similar**　類似した
- **consultation**　相談、コンサルテーション
- **immediate**　即刻の

Lesson 4
すぐに使える表現 10

英語	和訳
Thank you for taking the time to meet me today.	お時間を作っていただいてありがとうございます。
No problem. The pleasure is all mine.	いいえ、こちらこそ。
Would you like something to drink?	飲み物はいかがですか？
I would like to talk to you briefly about our company.	弊社について簡単にご説明させてください。
We plan to expand our business to multinational companies like yours.	われわれは御社のような多国籍企業へ事業を広げることを計画しています。
Our company consists of an administration division and a consulting division.	弊社は、管理部門、コンサルティング部門から構成されています。
We are especially interested in your consulting business.	私たちは特に御社のコンサルティング事業に興味があります。
We believe that is our next challenge.	次の課題だと思っています。
The company is in a different line of business.	弊社は違う業種です。
Our company has an immediate need to create a training system.	教育体系を作ることは弊社の急務です。

その他ヒントや言い換え

もう少し丁寧な言い方は、**I really appreciate your taking the time to meet me.**（お時間を作っていただいて感謝します）

Not at all.（どういたしまして、そんなことありません）

How about a drink?（飲み物はどうですか？）　**Could I get you something to drink?**（何か飲み物をお持ちしましょうか？）

I would like to ○○（○○させてください）と**Could I** ○○（○○してもいいですか）は、同じように使用できます。もう少し丁寧な言い方は、**I'd appreciate it if I could talk briefly about our company.**（弊社について簡単にご説明をさせていただければ幸いです）

事業の拡大には**expand**、参入には**enter**や **go into** という動詞を使います。**We are entering the Chinese market this year.**（わが社は今年中国市場に参入する）

会社の部門を説明するのであれば、**We have** ○○ **division.**（わが社には○○部門があります）事業で分けて説明したい場合は、**Our company can be divided into 4 major businesses, R&D, manufacturing, financing and sales.**（わが社は大きく分けて４つ主な事業があります、研究開発・製造・金融・販売です）

「関心を持つ」という表現では、**interested in**がよく使われます。**especially**は、**particularly**や**specifically** と言い換えることができます。

課題を**problem**（問題）とネガティブな表現にするより、ポジティブなメッセージにするため、**challenge**（挑戦）、**issue**（課題）、**hurdle**（ハードル）のように乗り越えるべきものとして表現しましょう。

line of business で業種という意味があります。業界は**industry**や**business**を使います。

急務はそのほかにも**urgent business**とも表現できます。または**imperative**（緊急の）という単語を使って、**It is imperative for us to create a training system.**（教育体系を作ることが絶対に必要です）などと言い換えることができます。

Lesson 5

製品紹介

ビジネスアドバイス

製品紹介のポイントは3つあります。1つ目は徹底的にヒアリングをして相手側のニーズを探ることです。2つ目は、相手側がすでに気づいているニーズと、気づいていないニーズの両側面を認識し、それらに応じた製品(サービス)提案をすることです。3つ目は、なるべく意思決定者に商談に同席していただくことが重要です。現場担当者が製品の効能で選定しようとしても、現場担当者ほど製品に対する詳細情報を知らされていない(あるいは関心を持っていない)上層部は価格だけで選定してしまうことも多いからです。

スキットの背景

ハコザキ・フィリップファーマの商談が続きます。太郎君は相手側からの情報収集に徹しています。今回は新しい業界なので、書籍やインターネットからある程度業界の情報は収集しています。しかし、太郎君は、そうした媒体経由の情報を鵜呑みにせず、実際にそのフィールドで働いている人のナマの声を聞いてみたいと考えました。

☑ CHECK!

| 1回目 | 2回目 | 3回目 | 4回目 | 5回目 |

Fight!

Excellent!

Lesson 5
製品紹介展開チャート

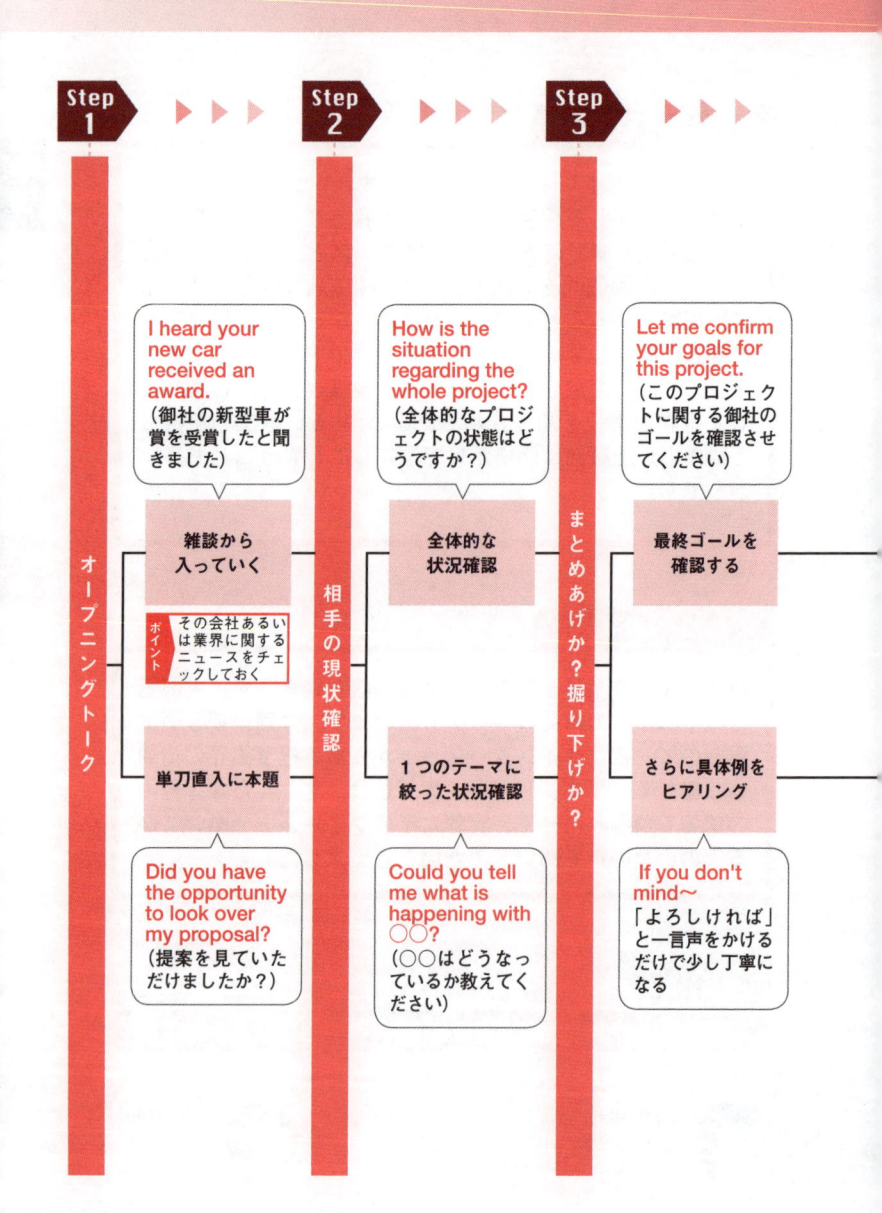

Step 1 ▶▶▶

I heard your new car received an award.
（御社の新型車が賞を受賞したと聞きました）

雑談から入っていく

> **ポイント**：その会社あるいは業界に関するニュースをチェックしておく

単刀直入に本題

Did you have the opportunity to look over my proposal?
（提案を見ていただけましたか？）

オープニングトーク

Step 2 ▶▶▶

How is the situation regarding the whole project?
（全体的なプロジェクトの状態はどうですか？）

全体的な状況確認

1つのテーマに絞った状況確認

Could you tell me what is happening with ○○?
（○○はどうなっているか教えてください）

相手の現状確認

Step 3 ▶▶▶

Let me confirm your goals for this project.
（このプロジェクトに関する御社のゴールを確認させてください）

最終ゴールを確認する

さらに具体例をヒアリング

If you don't mind〜
「よろしければ」と一言声をかけるだけで少し丁寧になる

まとめあげか？掘り下げか？

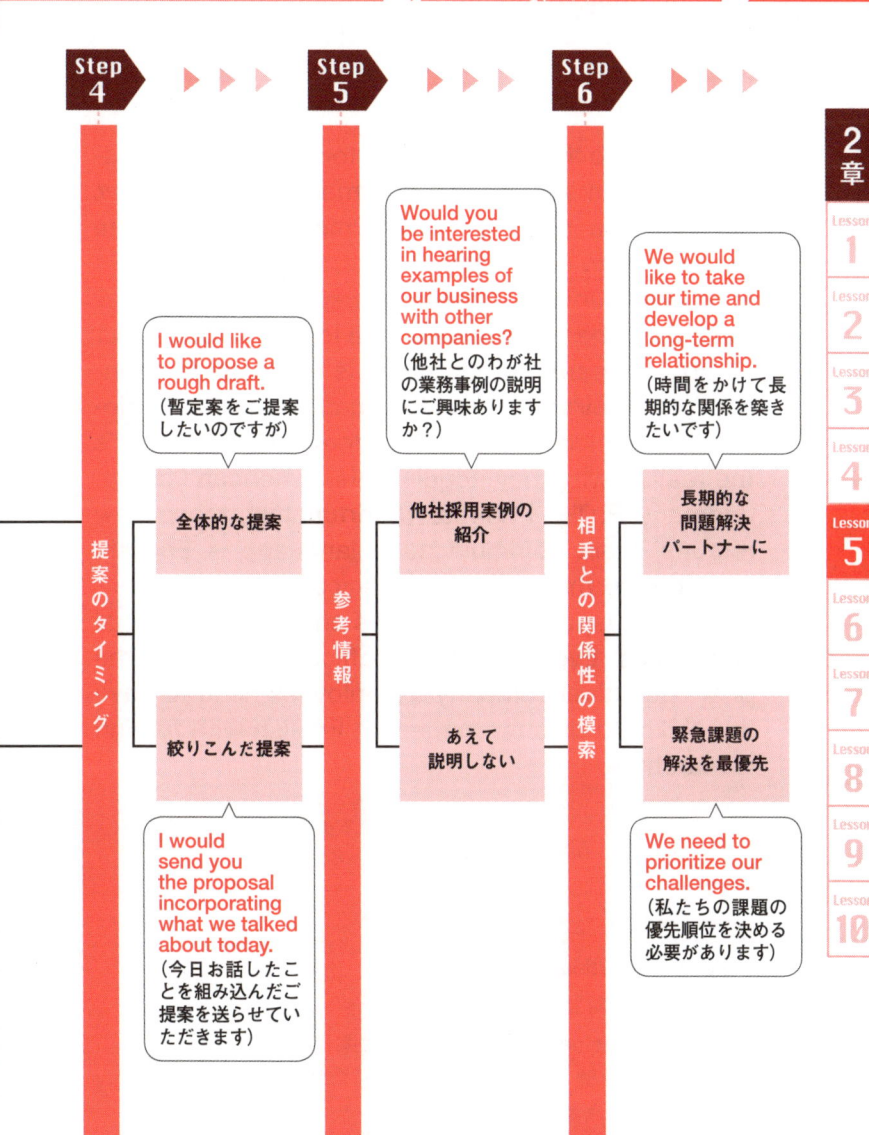

Step 4 ▶▶▶ Step 5 ▶▶▶ Step 6 ▶▶▶

提案のタイミング

全体的な提案
> I would like to propose a rough draft.
> （暫定案をご提案したいのですが）

絞りこんだ提案
> I would send you the proposal incorporating what we talked about today.
> （今日お話したことを組み込んだご提案を送らせていただきます）

参考情報

他社採用実例の紹介
> Would you be interested in hearing examples of our business with other companies?
> （他社とのわが社の業務事例の説明にご興味ありますか？）

あえて説明しない

相手との関係性の模索

長期的な問題解決パートナーに
> We would like to take our time and develop a long-term relationship.
> （時間をかけて長期的な関係を築きたいです）

緊急課題の解決を最優先
> We need to prioritize our challenges.
> （私たちの課題の優先順位を決める必要があります）

2章 Lesson 1 / Lesson 2 / Lesson 3 / Lesson 4 / **Lesson 5** / Lesson 6 / Lesson 7 / Lesson 8 / Lesson 9 / Lesson 10

Lesson 5
Part 1 クライアントの業界の様子

🧑 Could you tell me what the challenges are to globalization in the pharmaceutical industry?

👩 Compared to the U.S., it is hard for venture businesses to grow in Japan. As a pharmaceutical company, however, we need the sharp minds from venture businesses to constantly develop new medicines. So in order to survive in Japan, we need to acquire small foreign business ventures or hire foreign experts. Our company's parent organization is Hakozaki Pharmaceutical. They've realized they can't consistently develop new medicine just with domestic staff. That's the reason why they acquired the American venture company Phillip Pharma. Unfortunately, those new recruits' main communication language is English. As a result, there is a communication problem between the Japanese employees and foreign national employees. Even though our office is in Japan, the pharmaceutical company's employees need to have the ability to discuss matters in English with foreign researchers.

Words & Phrases
- **pharmaceutical** 製薬の
- **industry** 業界
- **venture businesses** ベンチャー企業
- **medicine** 薬
- **expert** 専門家

🧑 製薬業界におけるグローバル課題というのはどんなものがあるのでしょうか？

👩 米国と比較すると、日本ではあまりベンチャービジネスが育たない傾向があります。しかし、製薬業界は、常に新薬を開発するために、ベンチャービジネスからの頭脳が必要です。そこで、日本で生き残っていくためには、外国の小さなベンチャービジネスを買収したり、海外の専門家を雇用する必要があります。私たちの母体はハコザキ製薬です。ハコザキ製薬は国内の人的資源だけでは新薬を継続的に開発できないと判断しました。それで、アメリカのベンチャーであるフィリップファーマを買収しました。残念ながら、新しく採用された人たちの主なコミュニケーション言語は英語です。結果として、日本人従業員と外国人従業員との間には、コミュニケーション上の問題が存在しています。たとえオフィスが日本にあるとしても、製薬会社の社員たちには、外国人研究者と英語で議論する能力が必要なのです。

■ **parent organization** 親組織、母体
■ **consistently** 一貫して
■ **as a result** 結果として
■ **acquire** 手に入れる、買収する
■ **even though〜** たとえ〜であっても

Lesson 5
Part 2 クライアントの課題

Thank you. Now I understand the background and the challenges the Japanese pharmaceutical industry faces. By the way, you talked about hiring 50% foreign employees as new hires. That means you also want your Japanese employees to have strong English ability in order to actively discuss matters, right?

Exactly, but the most important thing is to have the brains to discuss ideas, so English ability is secondary to that goal. In other words, if an employee does not have the knowledge and skills needed for the job, his English skills, no matter how good, will be of no help to him.

That is true. I completely understand your company's hiring policy.

Of course our ideal staff member is someone with both business and language skills. However, I find a lot of Japanese people with major university Masters and PhD degrees, but without any English communication skills. I wonder why.

I hear that a lot from other industries as well. It is one of the Seven Wonders of the World.

I also think it is a mystery.

Words & Phrases
- **face** 直面する
- **in order to~** 〜するために
- **actively** 積極的に
- **exactly** まったくその通り

🧑 ありがとうございます。問題の背景と日本の製薬業界が直面している課題がわかりますね。ところで、新入社員採用における外国人比率50％というお話をされました。ということは、日本人社員にも彼らと活発な議論ができるくらいの英語力が求められるということですね？

👩 その通りです。ただし、重要なのは議論できる頭脳のほうなので、今のところ英語力は二次的な課題としています。つまり、英語がネイティブ並でも、仕事で求められるスキル知識を持っていなければ、その英語もほとんど役立たないということです。

🧑 おっしゃるとおりですね。貴社の採用ポリシーがよくわかりました。

👩 もちろん、ビジネススキルと語学力両方を持ち合わせている人材が理想なのです。しかし、日本では一流大学の修士や博士でも英語はまったくダメという人材が多いようです。不思議ですね。

🧑 他の業界で聞いたのですが、これって世界の七不思議だそうですね。

👩 私も不思議に思います。

- **secondary** 二次的な、あまり重要でない
- **no matter how〜** どんなに〜であろうとも
- **hiring policy** 雇用方針
- **ideal** 理想的な

Lesson 5
Part 3　クライアントの課題の詳細

🧑 After talking with you, I can see that improving your Japanese staff's English communication skills is a hurdle your company needs to overcome.

👩 Precisely. In particular, the fresh recruits need to learn many things, and I want them to study English skills at the same time.

🧑 You talked about "brains" that are capable of discussing subjects. Do you feel that your recruits have the ability to construct logical arguments and think logically, if it is in Japanese? Or do you think they have a need to train in logical thinking in Japanese first?

👩 That is an astute observation that applies not only to new recruits, but also to other Japanese staff as well. I believe the Japanese as a whole are not good at discussing subjects. I have to agree with you about that being a challenge for us, even before we start on English communication skills.

🧑 You know, Mike and James Co.'s "Globalway" program that I mentioned focuses on that. I believe it applies really well to your company. Could I introduce that program to you now?

👩 Yes, please do!

Words & Phrases
- **improve**　改善する
- **overcome**　克服する
- **precisely**　正確に

🧑 お話を伺っていると、日本人社員の英語力を向上させることが、貴社が克服すべきハードルだということですね。

👩 その通りです。とりわけ新入社員は、覚えなければならないことがたくさんあるのですが、同時に英語も勉強してほしいんです。

🧑 先ほど、議論に耐えうる「頭脳」というお話が出てきました。日本人の新入社員は、日本語であれば、論理的に議論を構築したり、論理的に考える能力を持っていると考えていらっしゃいますか？　それともまずは日本語ベースでの思考力を訓練する必要があると考えていらっしゃいますか？

👩 それは新入社員に限らず、ほかの日本人スタッフにも当てはまる鋭い考察ですね。全般として日本人は、議論はあまり得意ではないようです。英語でのコミュニケーション技術に取りかかる前の私たちの課題だということに異論はありません。

🧑 先述のマイクアンドジェームスの「グローバルウエイ」プログラムは、その部分に光を当てています。貴社にもよく当てはまると思います。今、そのプログラムを紹介してもいいですか？

👩 ぜひお願いします！

- **astute**　鋭い
- **observation**　観察
- **as a whole**　全体として

Lesson 5
すぐに使える表現 10

英語	和訳
Could you tell me what the challenges are for your company?	御社にとっての課題とはなんですか？
That is the reason why they acquired Phillip Pharma.	それが彼らがフィリップファーマを買収した理由です。
Employees need to have the ability to discuss matters in English with foreign researchers.	従業員は外国の研究員と議論する英語の能力が必要です。
By the way, you talked about hiring 50% foreign employees as new hires.	ところで、外国人を50％新入社員として雇用するとおっしゃってましたね。
Exactly.	その通り。
I completely understand your company's hiring policy.	貴社の雇用方針をよく理解できます。
I see training your Japanese staff's English skills is a hurdle your company need to overcome.	貴社の日本人社員の英語力養成という課題が見えてきました。
Do you feel your recruits have the ability to construct logical arguments?	論理的な議論を構築する能力が新入社員にあると思われますか？
That not only applies to new recruits but also to other Japanese employees as well.	それは新入社員のみならず、他の日本人のスタッフにも同様に当てはまります。
I agree with you about that being a challenge for us.	それが我々にとって課題と言うことには同意します。

ビジネス②

橋下徹のかけひきで負けない話し方の技術

松本 幸夫／著　¥1365

マスコミなどから注目を浴びる彼の発言。賛否はあるが、なぜか引きつけられてしまう彼の話し方の裏側には様々なテクニックが隠されている。話し方のプロがハシモト流話法を徹底分析。ビジネスシーンでの役立て方も具体的に解説。

孫正義の流儀

松本 幸夫／著　¥1365

孫正義から学ぶビジネスパーソンの成功哲学！　日本のベンチャー経営者の代表格である孫正義。本書は成功哲学研究に定評のある著者が、孫正義のこれまでの軌跡を振り返りながら、その行動原理や経営哲学をわかりやすく解説。

フリーターから資産家になった男が教える
億の富の作り方

久保 雅文／著　¥1300

20代でフリーターを経験していながら、30代半ばで億の資産を築いた著者が、円高、円安、インフレ、デフレのしくみなど、基礎から分かりやすく解説。著者ならではの物の見方、考え方をベースに、「億の富」を築く方法を紹介しています。

新版 富裕層の新納税術
海外タックス・プランニング

古橋 隆之／著　¥1575

大事な資産を守るために、節税を世界規模で考えよう！　ロー・タックス・カントリー、タックスヘイブンを利用した、資産を無駄に減らさない具体的な方法を紹介。正しい知識で海外タックス・プランニングを行えば、景気に踊らされない資産管理ができるのです。

すぐに使える
中国人との実践交渉術

吉村 章／著　¥1365

ビジネスの現場で日本人が中国人と互角に渡り合うための実践テクニックを多数紹介。交渉の事前準備から、「主張→反論→攻防」の各シーンごとにすぐに役立つテクニックが満載。中国人とのビジネスに携わる人なら誰もが必読の一冊。

通勤大学文庫

■ 通勤大学 MBAシリーズ

MBA1 マネジメント　新版
青井倫一／監修
グローバルタスクフォース／編著　¥893

累計55万部を超えるロングセラーとなっている「通勤大学MBAシリーズ」その第1弾であり、すべての原点である「マネジメント」が8年ぶりに「新版」としてリニューアル！ 最重要である「マーケティング」を徹底的に改訂。さらに各章末には、知識を実践力に変えるためのコラムを追加！

MBA2　マーケティング	¥830
MBA3　クリティカルシンキング	¥819
MBA4　アカウンティング	¥872
MBA5　コーポレートファイナンス	¥872
MBA6　ヒューマンリソース	¥872
MBA7　ストラテジー	¥872
MBA8　[Q&A] ケーススタディ	¥935
MBA9　経済学	¥935
MBA10　ゲーム理論	¥935
MBA11　MOTテクノロジーマネジメント	¥935
MBA12　メンタルマネジメント	¥935
MBA13　統計学	¥935
MBA14　クリエイティブシンキング	¥935

■ 通勤大学 図解PMコース

プロジェクトマネジメント　理論編①
浅見淳一／著　中嶋秀隆／監修　¥935

プロジェクトマネジメント　実践編②
中憲治／著　中嶋秀隆／監修　¥935

今やビジネスパーソン必修とも言えるプロジェクトマネジメント（PM）の基本を、1テーマ見開き2ページ図解付きでわかりやすく解説！ 概略を短期間で体系的に理解することができる。PMのデファクトスタンダードであるPMBOK（第4版）に完全準拠。

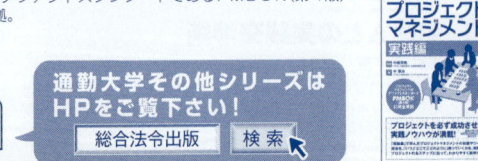

通勤大学その他シリーズはHPをご覧下さい！
総合法令出版　検索

ゴルフDVD

若さやパワーに頼らなくても、飛距離は伸びる！

今、ゴルフ界で注目を集める山本プロの「The Right Pointed Swing」は、右股関節を軸に、"地面反力"と"遠心力"を最大限に活用した新ゴルフ理論。
筋力に頼らず、身体もねじらないため、腰痛などのスポーツ障害とは無縁！年齢に関係なく250ヤード超を実現する世界基準のメソッドです。

¥19,600（税込）

プロコーチ山本誠二 presents
ゴルフアンチエイジング！
10歳若返るゴルフスイング新理論
3枚組DVD-BOX

- 3枚組DVD-BOXには上巻・下巻・特典DVDが収録されています。上巻・下巻単品でのご購入も可能です（各¥9,800／税込）。●特典DVDは、DVD-BOX購入者限定商品のため、非売品となります。上巻・下巻単品でご購入の方はご利用になれませんので、ご了承ください。
- 現在、送料無料キャンペーン実施中です。

Youtubeにて DVDダイジェスト動画配信中！
http://bit.ly/svATkw

ご購入は、特設ページよりどうぞ！
http://www.horei.com/yamamotoseiji/
※書店ではお買い求めになれませんのでご注意ください。

総合法令出版 出版案内

話題の書籍

視力もぐんぐんよくなる速読術

中川 和宏／著　¥1260

4刷!

「速読できない」「読んでも頭になかなか入らない」原因は"眼"にあります。視力を高めれば、速読は自然にできます。1万人の視力回復を指導してきた著者が説く速読法。

編集者よりひと言
わたしも本書のトレーニングを通して、メガネ視力が0.5→0.9まで戻りました。本を読んでいても疲れず、スイスイ進みます。「視力は良くならない」というのは、思い込みだったんですね。

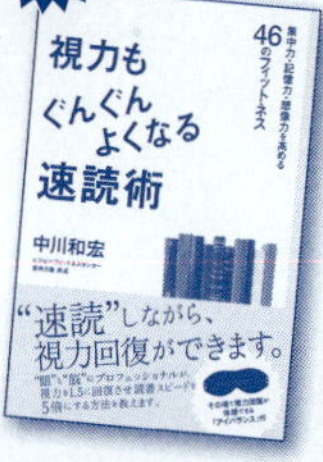

20代のうちに知っておきたいお金のルール38

千田 琢哉／著　¥1260

4刷!

20代を中心に圧倒的な支持を得ているベストセラー著者が説く、「お金からも愛される」ための大切な38のルール。短くてキレのある言葉にグサリと打ちのめされる読者が続出。

読者の皆様からの声
金を集める方法論ではなくメンタリティを叫んでいて興味深いと思った（20代男性）
時間と自分に嘘をつかずに生きることがいかに大切か気付かされました（20代女性）

誰もが"かけがえのない一人"になれるディズニーの「気づかい」

芳中 晃／著　¥1365

売れてます!

サービスの質の高さで知られるディズニーには、"相手を思いやる気づかい"があった！米国と日本、双方のディズニーを知る著者が贈る、業種関係なく実践できる具体例の数々。

編集者よりひと言
年代も人生経験も異なる人たちが楽しく働けるよう国に関係なく心を砕いてきた著者の言葉は、私たちの行動を変える力を持っています。本書でぜひ実感してください。

2012年9月1日発行

表示価格はすべて消費税（5%）込総額です。

000013

その他ヒントや言い換え

少し丁寧に情報を聞きたい場合は、**If you don't mind my asking**（お尋ねしてもよろしければ）や**Would you mind telling me〜?**（教えていただいてもよろしいでしょうか）などを文頭につけます。

the reason why ○○（○○の理由）。原因などであればdue to （○○が原因で）を使います。**Due to the difficulty in getting innovative researchers, they acquired Phillip Pharma.**（革新的な研究者を雇用するのが難しいことが原因で、フィリップファーマを買収しました）

ability to ○○（○○する能力）。capable （可能である）を使えば、**They need English skills capable of discussing matters with foreigners.**（外国人と議論できる英語スキルが必要です）

by the wayは、話を少し変えたいときに使用します。そのほかの転換を促す表現は、so（**So how about taking a break?** じゃあ一休みしませんか?）やnow （**Now, can we talk about the price?** さて、値段について話しませんか?）があります。

Definitely（もちろん）Absolutely（まったくその通り）That's right（その通り）

I understandが通常の強さだとすると、completely（完全に）や少しカジュアルにreally（本当に）を入れることで理解を強調することができます。会社の方針や指針にはpolicy （office policyなど）を使います。会社の方針および手続をpolicy and procedure ということが多いようです。

I seeはI understandと同様に「理解しています」という表現です。変化をつけるには、can を動詞の前につけることで、「〜理解することができます」と少し弱くすることができます。

クローズクエスチョンの形でDo you think（とお考えですか?）も同じように使用できます。オープンクエスチョンにしたい場合は、What are your thoughts on （○○についてのあなたのお考えはなんですか?）やWhat do you think about（○○についてどう思いますか）。

このような場合にnot only〜, but also〜を使用することができます。特に後者を強調したいときに効果があります。

I think so too.（私もそう思います）や強く賛意を表すときは、I completely agree. や strongly agree などを使います。

Lesson 6

電話

ビジネスアドバイス

電話はとるときとかけるときとでは戦略が違ってきます。電話をとるときは、相手からのメッセージを正確に受け取ることが最大の目標になります。英語の人名を確認する際、I as in Italy（イタリアのイ）、A as in America（アメリカのア）のように、世界の人たちと共有できる単語を使ってみましょう。一方、電話をかける際には、自分でトークの流れのイメージを作ってからかけてみましょう。誤解が生じやすいようなことについてはEメールで確認しておくといいでしょう。

スキットの背景

太郎君は、先日のハコザキ・フィリップファーマの一件で外資系企業の攻略のコツがつかめてきました。早速今日は次のターゲットであるマクロスペクト社に売り込みをかけます。細かい話のやりとりには自信がない太郎君は、簡単なやりとりと挨拶には電話、詳細なやりとりにはメールと、使い分けているようです。

☑ CHECK!

1回目	2回目	3回目	4回目	5回目

Fight!

Excellent!

Lesson 6
電話（受け取るケース）展開チャート

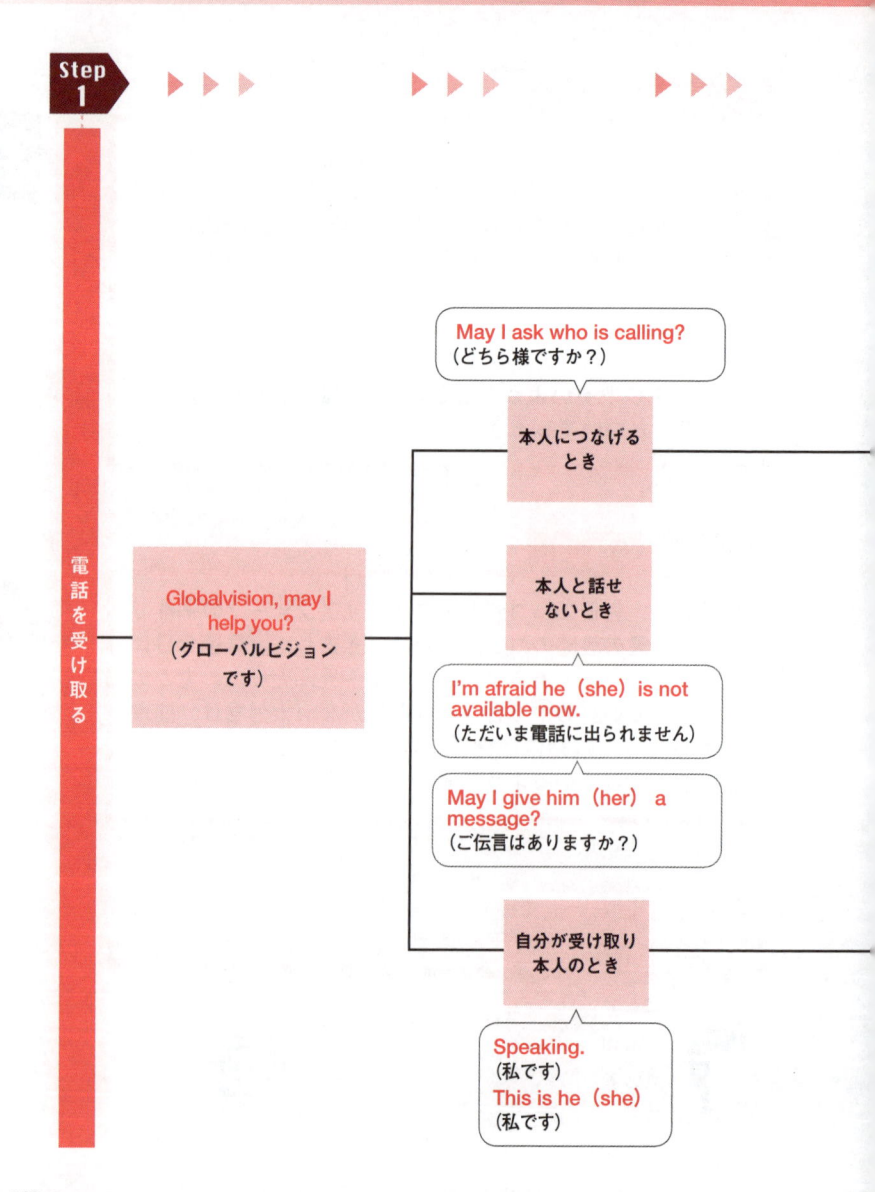

Step 1

電話を受け取る

→ Globalvision, may I help you?
（グローバルビジョンです）

→ **本人につなげるとき**
　May I ask who is calling?
　（どちら様ですか？）

→ **本人と話せないとき**
　I'm afraid he (she) is not available now.
　（ただいま電話に出られません）
　May I give him (her) a message?
　（ご伝言はありますか？）

→ **自分が受け取り本人のとき**
　Speaking.
　（私です）
　This is he (she)
　（私です）

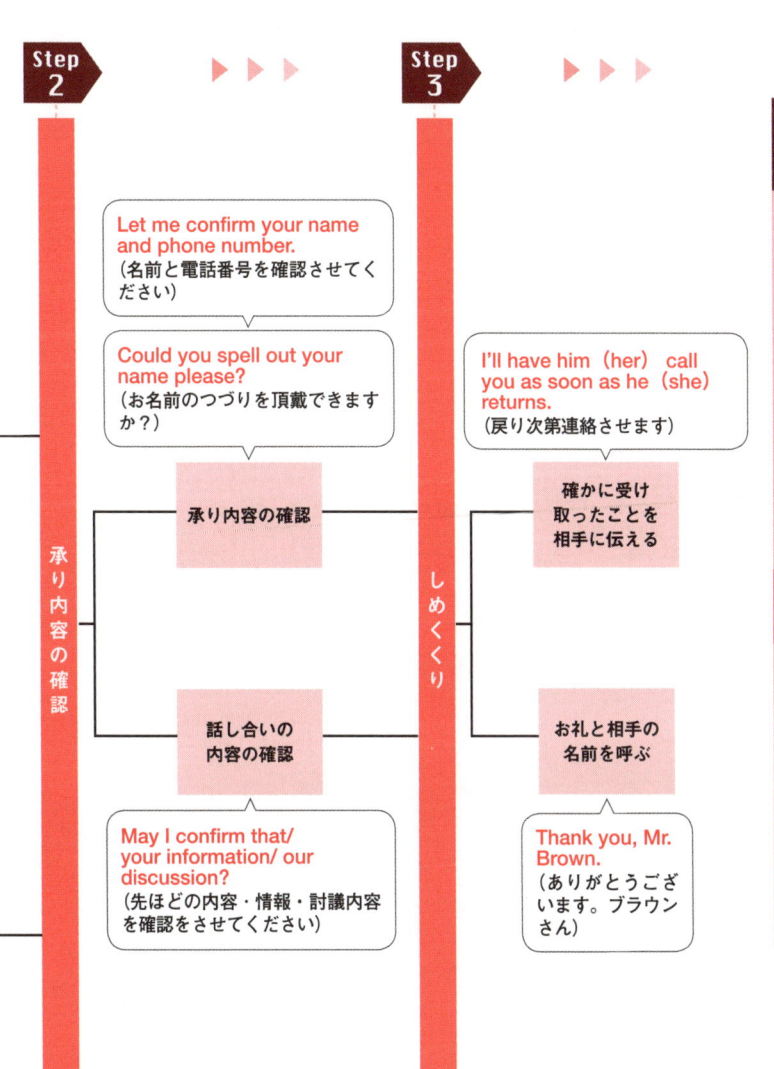

Step 2 ▶▶▶

Let me confirm your name and phone number.
（名前と電話番号を確認させてください）

Could you spell out your name please?
（お名前のつづりを頂戴できますか？）

承り内容の確認

- 承り内容の確認
- 話し合いの内容の確認

May I confirm that/ your information/ our discussion?
（先ほどの内容・情報・討議内容を確認をさせてください）

Step 3 ▶▶▶

I'll have him（her）call you as soon as he（she）returns.
（戻り次第連絡させます）

しめくくり

- 確かに受け取ったことを相手に伝える
- お礼と相手の名前を呼ぶ

Thank you, Mr. Brown.
（ありがとうございます。ブラウンさん）

Lesson 6
電話(かけるケース)展開チャート

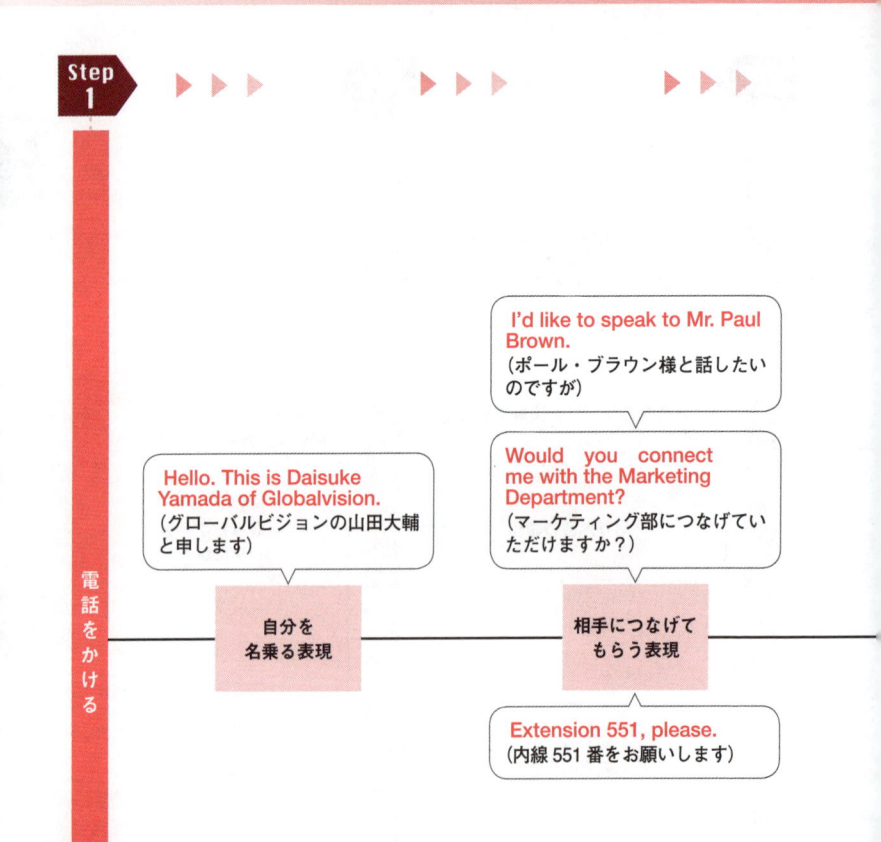

Step 1

電話をかける

自分を名乗る表現

Hello. This is Daisuke Yamada of Globalvision.
(グローバルビジョンの山田大輔と申します)

相手につなげてもらう表現

I'd like to speak to Mr. Paul Brown.
(ポール・ブラウン様と話したいのですが)

Would you connect me with the Marketing Department?
(マーケティング部につなげていただけますか?)

Extension 551, please.
(内線551番をお願いします)

Step 2　相手と話す

May I leave a message?
（伝言をお願いできますか？）

Please have him（her）return my call. I'm at 03-2222-3333.
(彼（彼女）からお電話いただけますか？
私の電話番号は 03-2222-3333 です)

▸ 本人がいない場合の表現

Hello. This is Daisuke Yamada.
(山田大輔です)

▸ 本人がいる場合の表現

▸ 本題への入るときの表現

There is something I'd like to discuss with you.
（お話したいことがあります）

▸ 話し合いの内容の確認

May I confirm that/ your information/ our discussion?
（先ほどの内容、情報、討議内容を確認させてください）

Step 3　しめくくり

Thank you for your assistance.
（ご対応ありがとうございます）

▸ 対応してくれた人にお礼をいう

▸ お礼と相手の名前を呼ぶ

Thank you, Mr. Brown.
（ありがとうございます。ブラウンさん）

2章

Lesson 1
Lesson 2
Lesson 3
Lesson 4
Lesson 5
Lesson 6
Lesson 7
Lesson 8
Lesson 9
Lesson 10

Lesson 6
Part 1　電話の挨拶と用件の切り出し

🧑 Hello. This is Taro Yoshiya of Globalvision. Could I speak to Ms. Cynthia Kerry?

👩 Hello. This is Cynthia Kerry.

🧑 Ms. Kerry, hello. My name is Taro Yoshiya of Globalvision. I exchanged business cards with you the other day at the party.

👩 Oh yes, I remember you.

🧑 I didn't really have a chance to talk with you the other day. If it is possible, I would like to talk over business with you. Could I make an appointment with you?

👩 Of course.

🧑 Are you available next Thursday or Friday?

👩 You mean the 12th or the 13th? I'm afraid I'll be on a business trip at that time. I'm available on Tuesday, the 17th, in the morning.

🧑 That sounds great. Should we meet at your office?

Words & Phrases
- **exchange**　交換する
- **business card**　名刺
- **the other day**　先日
- **if it is possible**　可能であれば
- **talk over business**　ビジネスについて話す

🧑 こちらは、グローバルビジョンの吉屋太郎と申します。シンシア・ケリーさんをお願いいたします。

👩 はい、私がシンシア・ケリーですが。

🧑 ケリーさん、こんにちは。私はグローバルビジョンの吉屋太郎と申します。先日のパーティで名刺を交換させていただいた者です。

👩 ああ、覚えていますよ。

🧑 先日はゆっくりお話ができませんでした。よろしければ一度、ケリーさんとビジネスについてお話したいです。お会いする約束をさせていただいてもいいですか？

👩 もちろんです。

🧑 来週の木曜日か金曜日あたりはいかがでしょうか？

👩 といいますと、12日か13日ですか？ そのあたりは出張で不在にします。17日の火曜日午前中なら空いていますよ。

🧑 よかったです。貴社でお目にかかってももよろしいですか？

- **make an appointment with〜** 〜と会う約束をとる
- **available** 利用可能、予定が空いている
- **I'm afraid〜** 残念ながら〜
- **be on a business trip** 出張中である
- **that sounds great** いいですね。

Lesson 6
Part 2 資料について問う

🙍‍♀️ No problem. Directions to our office are on our website.

🙍‍♂️ Thank you! I'll look them up later. What time would be good for you?

🙍‍♀️ How about 10 a.m.?

🙍‍♂️ Great. I will visit your office on Tuesday the 17th at 10 a.m. I would like to bring our company brochures with me. Could you tell me how many copies I should bring?

🙍‍♀️ Two or three people might participate from my team. Could you bring five copies, just in case?

🙍‍♂️ No problem. I will send an email about the business I would like to discuss with you later. I would appreciate it if you could take a look at it when you have time.

🙍‍♀️ Okay. I look forward to seeing you again soon.

Words & Phrases
- **direction** 道順（の案内）
- **look up〜** 〜を調べる
- **brochure** パンフレット、会社案内
- **copy** 部
- **bring** 持って行く

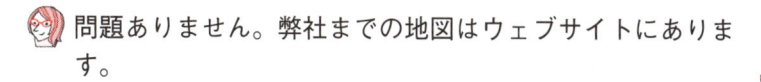

🧑‍🦰 問題ありません。弊社までの地図はウェブサイトにあります。

👨 ありがとうございます！　あとで確認いたします。時間は何時がよろしいですか？

🧑‍🦰 午前10時でどうでしょうか？

👨 了解しました。17日火曜日午前10時、貴社にうかがいます。弊社会社資料をお持ちいたします。何部お持ちすればいいでしょうか？

🧑‍🦰 私のチームの人間が2～3名参加するかもしれません。念のため5部ほどお願いできますか？

👨 了解しました。あとで、貴社と話し合いたいビジネスについてEメールをお送りいたします。お時間があるときに目を通していただけると助かります。

🧑‍🦰 了解しました。近くお会いできるのが楽しみですね

- **just in case**　念のため
- **discuss**　議論する
- **appreciate**　感謝する
- **take a look**　見てみる
- **look forward to ～**　～するのを楽しみにしている

Lesson 6
Part 3 留守電連絡

~~~a few days later

＜Taro's Voice mail message＞

Hello, This is Taro Yoshiya. I can't come to the phone right now. I'd appreciate it if you could leave your name, phone number and message. I'll get back to you as soon as I can.

＜Message from Kerry＞

This is Cynthia Kerry from the other day. I'm sorry but I would like to reschedule our appointment on the 17th. How about Wednesday the 18th or Thursday the 19th? I prefer the 18th , but whichever day is fine. There is no change to the time and place. Please get back to me by phone or email. My phone number is 03-222-1230 and my email address is ckerry@macrospect.jp.

Words & Phrases

- **I can't come to the phone right now.**
  只今席をはずしております
- **leave〜** 〜を残す
- **as soon as〜** 〜するや否や、なるべく早く
- **voice message** 音声メッセージ
- **the other day** 先日

～～～数日後

<太郎のボイスメールの録音メッセージ>

こんにちは、こちらは吉屋太郎です。ただいま席を外しております。お名前、お電話番号、メッセージを残していただけると助かります。なるべく早くご連絡を差し上げます。

<ケリーからの残されたメッセージ>

先日お電話をいただいたシンシア・ケリーです。申し訳ないのですが、17日のお約束を変更していただけないでしょうか？ 18日水曜日もしくは19日木曜日でいかがでしょうか？ できれば18日水曜日を希望しますが、どちらでも大丈夫です。時間と場所は変更ありません。電話かEメールでお返事ください。電話番号は03-222-1230です。メールアドレスは、ckerry@macrospect.jp です。

- **I'm sorry but～** 申し訳ないのですが～
- **I would like to～** ～したいのです（丁寧な言い方）
- **reschedule** スケジュールを組みなおす
- **prefer～** ～のほうを好む
- **whichever** どれでも

Lesson 6
すぐに使える表現 10

英語	和訳
Could I speak to Ms. Cynthia Kerry?	シンシア・ケリーさんはいらっしゃいますか？
Hello. My name is Taro Yoshiya of Globalvision.	グローバルビジョンの吉屋太郎と申します。
Could I make an appointment with you?	会う約束を取り付けてもよろしいですか？
Are you available next Thursday or Friday?	来週の木曜日か金曜日空いていますか？
I'm afraid I'll be on a business trip at that time.	申し訳ありませんが、そのときは出張しております。
What time would be good for you?	何時がよいですか？
Could you tell me how many copies I should bring?	何部お持ちすればよろしいですか？
I'll get back to you as soon as I can.	できる限りすぐにお返事をいたします。
I'm sorry but I would like to reschedule our appointment on the 17th.	申し訳ありませんが、お約束を変更させてください。
How about Wednesday the 18th or Thursday the 19th?	18日水曜日または19日木曜日はどうでしょうか？

その他ヒントや言い換え

May I speak toと入れ替えることができます。社内や親しい人であれば、Is ○○ there? (○○はいますか?) で問題ありません。

名前はゆっくり・しっかりと名乗りましょう。また日本以外の場所では、つづりを聞かれるので、名前のつづりをアルファベットで言えるようにしておきましょう。

内容を具体的に伝えるとIs it possible to meet with you to talk about the project? (プロジェクトについて話すためにお会いすることは可能でしょうか)。Is it possible (可能ですか) と Could I (いいですか) は同じようにたずねる表現ですが、Is it possibleのほうがやや丁寧になります。

電話ですので、なるべくシンプルにすることをおすすめします。Do you have time next Thursday or Friday? (来週の火曜日か金曜日に時間ありますか?) やや丁寧にするのであれば、Would you mind making time to meet me next Thursday or Friday? (来週の木曜日か金曜日にお会いする時間を作っていただけますか?) と言うことも可能です。

断るときは、いきなりnoではなく、必ず文頭にI'm afraid (申し訳ありませんが) やI'm sorry (残念ながら) と一言入れましょう。相手に「断られるな……」という気持ちの準備を与えることができます。

What time are you available? (いつお時間が空いてますか?) 話の続きであればat what time? (何時?) と簡略化して尋ねることもできます。

日本ではコピー機でコピーしたものを「コピー」と主に言いますが、この場合は部数を指しています。部数ではなく、複写としてのコピーは、"five photocopies"のように表現します。

Get back to youはあとで返事をするということで、さまざまな場面で使用できます。

日本語でも「リスケ」という言葉が使用されていますが、もともとはreschedule (日程を変更する) という言葉からきています。変更の必要があると言いたいときは、I need to~. (~をすることが必要です)、その場合は理由も説明した方がいいでしょう。

How about (どうですか) は代替案を出すときにも使えます。Are you available on Wednesday 18th or Thursday 19th? (18日水曜日または19日木曜日は空いていますか?)

Lesson 7

プレゼンテーション

ビジネスアドバイス

プレゼンテーションの3大アドバイスとして、①聴衆を事前に想像して準備すること、②対話を心がけること、③プレゼンの目的を明確にすること、が挙げられます。スキットのプレゼンターも、自分が話そうとしているテーマに対する事前知識が参加者によって違いがあることを想定しています。また、そうした参加者間の認識の違いを確認するために、オープニングでなんらかの質問を参加者に投げかけて、その反応を手がかりにプレゼンの内容を調整するのも効果的です。

スキットの背景

太郎君はプレゼン準備にあたり、育代先輩からいろいろと手ほどきを受けていました。彼女からのアドバイスは、「一方的に話続ける時間は10分以内」というものでした。したがって、何かを話す前に、参加者に質問を提示し、参加者にいろいろと考えてもらった上で、一方的なトークに移るという手法をとることにしました。与えられた20分のプレゼン時間は、双方向のタスクのおかげで、居眠りする人はいなかったようです。

☑ CHECK!

1回目	2回目	3回目	4回目	5回目

Fight!　　　Excellent!

Lesson 7
プレゼンテーション展開チャート

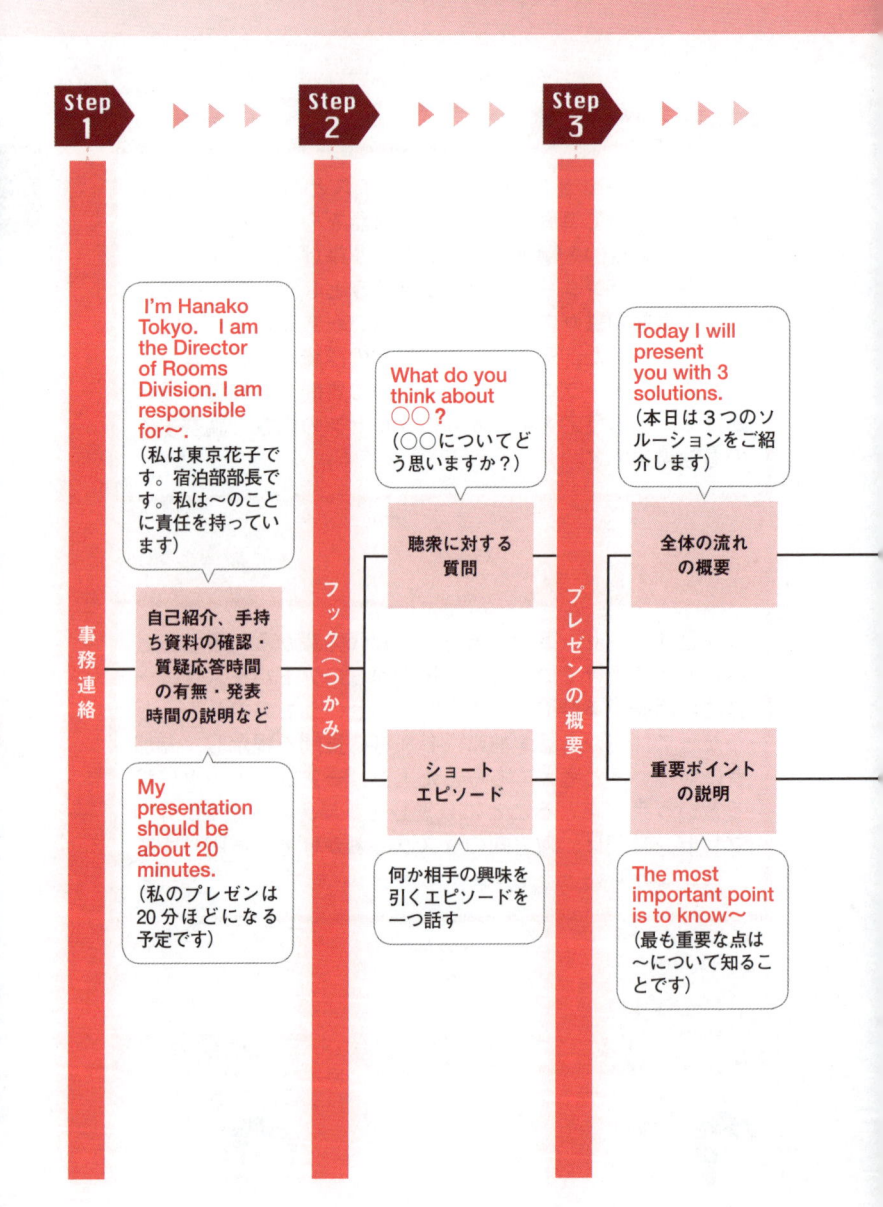

Step 1 ▶▶▶

事務連絡

I'm Hanako Tokyo. I am the Director of Rooms Division. I am responsible for～.
（私は東京花子です。宿泊部部長です。私は〜のことに責任を持っています）

自己紹介、手持ち資料の確認・質疑応答時間の有無・発表時間の説明など

My presentation should be about 20 minutes.
（私のプレゼンは20分ほどになる予定です）

Step 2 ▶▶▶

フック（つかみ）

What do you think about ○○？
（○○についてどう思いますか？）

聴衆に対する質問

ショートエピソード

何か相手の興味を引くエピソードを一つ話す

Step 3 ▶▶▶

プレゼンの概要

Today I will present you with 3 solutions.
（本日は3つのソリューションをご紹介します）

全体の流れの概要

重要ポイントの説明

The most important point is to know～
（最も重要な点は〜について知ることです）

Step 4 ▶▶▶ Step 5 ▶▶▶ Step 6

Step 4：提案の裏づけ

問題背景の説明

> Recently in the industry
> （現在、業界では）

提案実例紹介

> For example, in company A our business included〜.
> （たとえばA社では、わが社の業務は〜を含んでいました）

Step 5：提案（本題）

基本コンセプト

> I want to show you how your company can significantly improve sales with our support.
> （わが社のサポートにより、いかに御社が大幅に販売力向上するかをお見せします）

ポイント：一方的トークが長引かないように、ショートクエスチョンやタスクを参加者に提供

> I would appreciate your opinion on the subject.
> （ご意見いただけると幸いです）

対話を交えての提案

Step 6：質疑応答

> Do you have any questions?
> （ご質問はありますか？）

無制限に受け付ける

> I am sorry I have time only to answer a few questions.
> （申し訳ありません、2、3の質問にお答えする時間しかありません）

限定的に受け付ける

別途機会を設ける

> Could we have another opportunity to discuss this in more detail?
> （さらに詳しくお話しするために、別に席を設けることはできますか？）

2章

Lesson 1
Lesson 2
Lesson 3
Lesson 4
Lesson 5
Lesson 6
Lesson 7
Lesson 8
Lesson 9
Lesson 10

Lesson 7
Part 1 司会の挨拶

Thank you for coming to our cross-functional meeting today. As you know, there are two objectives to our meeting. One is to further understand other divisions' work through information exchange. The other is to share the company's business policy with all the divisions and confirm how each division will work on realizing the shared goal. The divisions will take turns holding the cross-functional meeting. Today, the corporate consulting division is in charge of the meeting.

So let's get down to business. Each division has 20 minutes' presentation time, including a Q&A session. I would like to ask the presenters to do their best to finish on time. If a company issue arises, we will discuss it in the final session. Without further delay, Mr. Yoshiya of the corporate consulting division, please start your presentation.

Words & Phrases
- **cross-functional** 部門間協力の
- **objective** 目的
- **further** さらに
- **business policy** 経営方針
- **confirm** 確認する

先 育代

本日はクロスファンクショナルミーティングにお集まりいただきありがとうございます。すでにご案内したとおり、この会合には2つの目的があります。1つは、情報交換を通して、他部署の人たちの仕事への理解を深めることです。もう1つは、会社の経営方針を全部署で共有し、共通の目標に向かってそれぞれの部署がどのように実現させていくのかを確認しあうことです。クロスファンクショナルミーティングの運営は部門間で持ちまわりとします。今回は私たち法人向けコンサルティング部門が担当します。

本題に入ります。各部門の発表時間は質疑応答を含み20分です。各発表者には終了時間厳守をお願いします。全社的課題が浮上した場合には、最後のセッションでとりあつかいます。早速ですが、法人向けコンサルティング部門の吉屋太郎さんから発表願います。

- **take turns～** 交代で～する、持ち回りで～する
- **hold a meeting** 会議を開く
- **in charge of～** ～の担当
- **on time** 時間通りに
- **arise** （問題などが）発生する

Lesson 7
Part 2 プレゼン導入部　クイズ

Sure. Good morning everybody. First, I would like to give you a quiz that's given to our new recruits during their training. Please look at page two of your hand-out. It shows you our company's position among the competitors. Question number one, what rank does our revenue have among major consulting business-es? Question number two, which company has the top revenue? Please think carefully. Nozomi, do you have the answer?

I believe our company is among the top five. I think the top company is Teikoku Human Resources.

Okay, then. Please look at this screen. Contrary to our expectations, the top five are foreign corpora-tions. Our company, unfortunately, is eighth.

Words & Phrases
- **hand-out**　配布物
- **competitor**　競合他社
- **top revenue**　売上高第一位
- **contrary to〜**　〜に反して
- **expectation**　期待

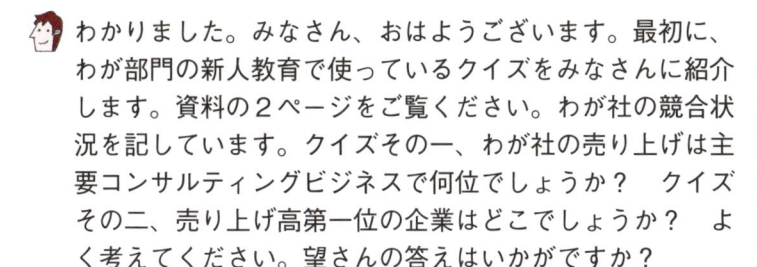

🧑 わかりました。みなさん、おはようございます。最初に、わが部門の新人教育で使っているクイズをみなさんに紹介します。資料の２ページをご覧ください。わが社の競合状況を記しています。クイズその一、わが社の売り上げは主要コンサルティングビジネスで何位でしょうか？ クイズその二、売り上げ高第一位の企業はどこでしょうか？ よく考えてください。望さんの答えはいかがですか？

👩 おそらくわが社は上位５社に入っていると思いますけど……、第一位は国内大手の帝国人材じゃないでしょうか？

🧑 わかりました。こちらのスクリーンをご覧ください。私たちの期待に反して、上位５社までは外資系企業が占めています。わが社は残念ながら８位です。

プレゼンテーションなどでよく使う単語

例）**"please look at chart 3 on page 2."**
（ページ２の表３をご覧ください）

■ chart	表
■ column	列
■ row	行
■ figure	図
■ figures	数値
■ graph	グラフ

Lesson 7
Part 3 プレゼン導入部　概要①

🧑‍🦰 That's lower than expected. I haven't thought about our company's position in the market before. I came to Japan 15 years ago. Has the market changed that much? Maybe the younger generation has a more critical eye on the market?

🧑‍🦰 I started with this company two years ago and I thought we weren't in the top three, but I didn't think our company was actually not in the top five. Is it because the competition is fiercer than before?

🧑 That's true. There wasn't much competition in the past, and our company was recognized as a major force. Currently, the competition is constantly on the rise. I believe, however, with the potential market out there we should be able to recover. That is, if we handle things correctly. Today, I would like to give a presentation on how we can increase our market share.

Words & Phrases
- **gereration**　世代
- **critical**　批判的な
- **fierce**　激しい
- **competition**　競争
- **recognize**　認識する

吉屋 太郎　　高木 望　　エリック

🧑‍🦰 思っていたよりも低かったんですね。市場の中でのわが社の位置づけというのはこれまで考えていませんでした。私が来日したのは 15 年前です。市場はそんなに変わったのですか？　若い世代はもっとシビアに市場をとらえているのかな？

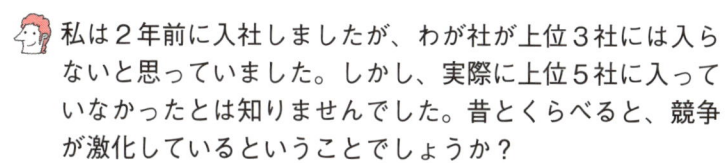

🧑 私は２年前に入社しましたが、わが社が上位３社には入らないと思っていました。しかし、実際に上位５社に入っていなかったとは知りませんでした。昔とくらべると、競争が激化しているということでしょうか？

🧑 その通りです。昔はほとんど競合がなかったので、コンサルティングといえばわが社という感じでした。今は競争が激化し続けています。しかし、見込み市場を考えると、わが社は回復できると思います。それは私たちが適切に物事を動かすかどうかにかかっています。今日は、市場占有率の拡大方法について発表します。

- **major force**　有力者、大手
- **on the rise**　激化する
- **potential market**　潜在的市場
- **handle correctly**　適切に扱う
- **presentation on〜**　〜に関するプレゼンテーション

Lesson 7
Part 4 プレゼン導入部　概要②

There are three business angles. First is to hold a free seminar to differentiate our company from the competitors. Second is to use our existing customer network to find potential customers. Third is to have the potential customers realize the necessity of consulting through monitoring. Since we don't have much time today, I will give you an overview of the three business angles and then focus on the monitoring, since we need company-wide support for that. My talk should be about ten minutes. I will have about five minutes for Q&A after. Please hold your questions until then.

So let me talk about the first suggestion, the free seminar. Please look at the screen, which shows the research results from an event planning company. This is the answer to the question "if there is a half-day seminar with attractive content, how much are you willing to pay without hesitation?" I will show you the answer on the screen, but first tell me your answers to this question.

Words & Phrases
- **company-wide** 全社的な
- **hold on to〜** 〜を持ち続ける
- **half-day** 半日
- **attractive** 魅力的な
- **hesitation** ためらい

観点が3つあります。1つ目は、他社と差別化を図った無料セミナーの実施。2つ目は、既存客ネットワークを使った新規顧客開拓。3つ目は、モニタリングを通して、見込み顧客にコンサルテーションの必要性を気づかせることです。今日は時間があまりありませんので、この3つの概要をお伝えした上で、モニタリングについて重点的にお話します。というのも、モニタリングには全社的な協力が不可欠だからです。私のお話は10分ぐらいです。あとで5分くらいの質疑応答時間を設けます。そのときまで質問はお待ちください。

それでは、最初の提案、「無料セミナー」についてお話します。スクリーンをご覧ください。あるイベント会社の調査結果です。「内容が魅力的な半日セミナーという前提で、参加費がいくらまでだったら迷わず支払うか？」という質問に対する回答です。この回答を次のスクリーンで紹介しますが、まずはこの質問に対するみなさんの回答を教えてください。

図表の説明でよく使う動詞

例) **As you can see from the graph, our sales figures increased by 10% this quarter.**
（グラフからもおわかりいただけるように、わが社の売上は今期10%増加しました）

■ increase　増加	■ Our net profit increased last year. （昨年の純利益は増加した）
■ decrease　減少	■ Import is decreasing due to tax. （税金で輸入が減少している）
■ rise 上がる（上昇する） ■ fall 下がる（下降する）	■ You can see a rise/fall in production. （生産の上昇／下降が見られる）
■ sharp (ly)　急激な（に） ■ slight (ly)　わずかな（に） ■ steady(ily) 安定した（堅実に）	■ The graph indicates a sharp/slight/steady rise in yen. （グラフでは急激な／わずかな／安定した円の上昇が見てとれます）

Lesson 7
すぐに使える表現 10

英 語	和 訳
There are two objectives to our meeting.	このミーティングには二つの目的があります。
The divisions will take turns holding the cross-functional meeting.	クロスファンクショナルミーティングの運営は部門間で持ちまわりとします。
Without further delay	早くするために（直訳でこれ以上遅れることなく）
Please look at page two of your handout.	配布資料の２ページ目を見てください。
It shows you our company's position among the competitors.	わが社の競合状況を記しています。
Contrary to our expectations, the top five are foreign corporations.	予想に反して上位５つまでは外資系企業が占めています。
Which company has the top revenue?	売上が最も高い企業はどこですか？
My talk should be about ten minutes.	私の話は10分ぐらいです。
I will have about five minutes for Q&A after.	あとで５分くらいの質疑応答時間を設けます。
Please hold your questions until then.	質問はそれまでお待ちください。

その他ヒントや言い換え

objective はagendaと言い換えることができます。I would like to discuss 2 things（2点について話し合いたいです）

take turnsで「交代で」という表現です。You need to take turns taking the dog out.（犬を外に出すのを交代でしなくてはならない）

「早くはじめましょう」と言うニュアンスを伝えるときに文頭につけます。

ニュアンスとして、handoutはその直訳どおり手渡しで渡す配布資料という意味合いが強く、materialは資料全般に適用することができます。参加者に何かを見てほしい場合はcould you open to page 2?（2ページ目を空けてください）

表やグラフなどが示しているというときには動詞のshow（示す）、indicate（示す・表す）を使います。

contrary to expectation で、「予想に反して」「予想とは逆に」「案外」などの意味があります。

質問をすることで、聴衆の興味をひきつけるのはプレゼンの戦略の1つです。聞いている人たちをあきさせないためにも、「参加意識」が高まり、かつプレゼン内容をサポートするクイズを使ってみましょう

自分の話がどれくらいの長さなのかを必ず最初に伝えておきましょう。そうすることで、聞いている人も質問などの準備ができます。ただし、10分と言って30分も話すのは、完全なビジネスマナー違反です。

自分のプレゼンの後に質疑応答の時間を設けるかどうかも、明確にしておきましょう。そうでないと、プレゼンの最中に質問が出て、その対応に追われ、なかなかプレゼンが進まないことがあります。

特にプレゼン最中の質問などを避けたい場合、最初にこのように断っておきましょう。

Lesson 8

ディスカッション

ビジネスアドバイス

会議をスムーズに展開するためのコツは事前準備にあります。議事進行役、記録係、タイムキーパーなどの役をあらかじめ設定しておいたり、議事進行手順も明示しておくとよいでしょう。事前に共有できる情報が多ければ多いほど、会議当日の議論の充実度は高まります。

スキットの背景

スタッフミーティングのメリットはスタッフがいつでも思い立ったら適宜集まって意見を交換できる「気軽さ」にあります。しかし、このスタッフミーティングがダラダラと続いてしまい、参加者の業務に支障が出ているという指摘がありました。そこで、今回はファシリテーター（議事進行役）、記録係、タイムキーパーと参加者の役割を分担し、時間を効率的に使うことにしました。こうした役割があらかじめ決められると、その他の参加者は議論そのものに没頭できるので、いつも以上に活発な議論になりそうです。

☑ CHECK!

1回目	2回目	3回目	4回目	5回目

Fight!

Excellent!

Lesson 8
ディスカッション展開チャート

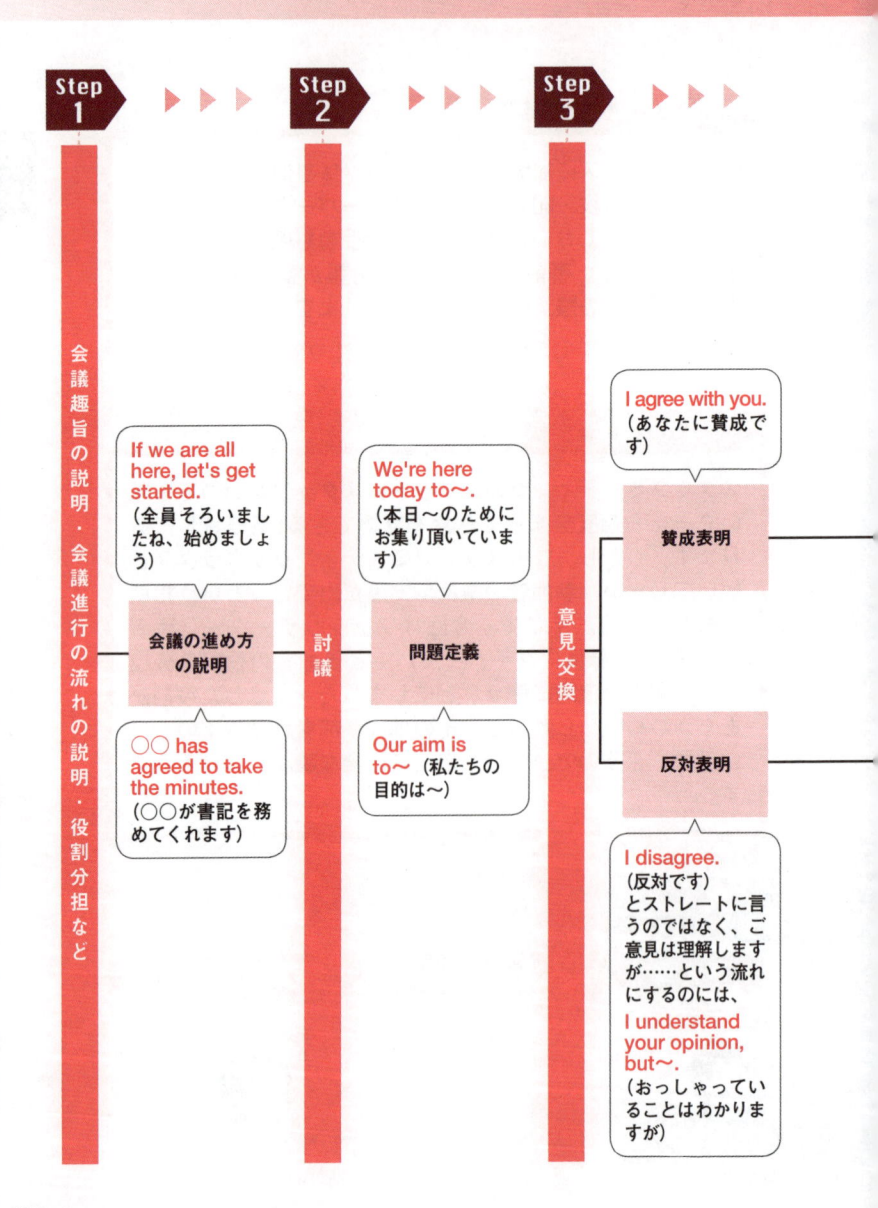

Step 1 ▶▶▶ **Step 2** ▶▶▶ **Step 3** ▶▶▶

会議の進め方の説明

会議趣旨の説明・会議進行の流れの説明・役割分担など

> If we are all here, let's get started.
> （全員そろいましたね、始めましょう）

> ○○ has agreed to take the minutes.
> （○○が書記を務めてくれます）

討議

問題定義

> We're here today to～.
> （本日～のためにお集り頂いています）

> Our aim is to～（私たちの目的は～）

意見交換

賛成表明

> I agree with you.
> （あなたに賛成です）

反対表明

> I disagree.
> （反対です）
> とストレートに言うのではなく、ご意見は理解しますが……という流れにするのには、
> I understand your opinion, but～.
> （おっしゃっていることはわかりますが）

Step 4 ▶▶▶ Step 5 ▶▶▶ Step 6 ▶▶▶

軌道修正

- 論点の見直し
  - Could we review that?
  （それを見直せますか？）
- 新たな参考情報の提示
  - How about plan A?
  （計画Aはどうでしょう？）
- 妥協点の模索
  - Could we compromise on that point?
  （その点について妥協できますか？）

結論

- 合意形成部分
  - Can we agree on this?
  （こちらでよろしいですか？）
- 次回持ち越し部分
  - Let's confirm. We will discuss this again in the next meeting.
  （確認します。これは次回のミーティングで再度話し合うことにします）

会議終了

- 決定事項の確認、次回のテーマ・日程の確認など
  - To sum up, 〜
  （まとめると〜）
  - The next meeting will be on〜.
  （次回のミーティングは〜）

2章

Lesson 1
Lesson 2
Lesson 3
Lesson 4
Lesson 5
Lesson 6
Lesson 7
Lesson 8
Lesson 9
Lesson 10

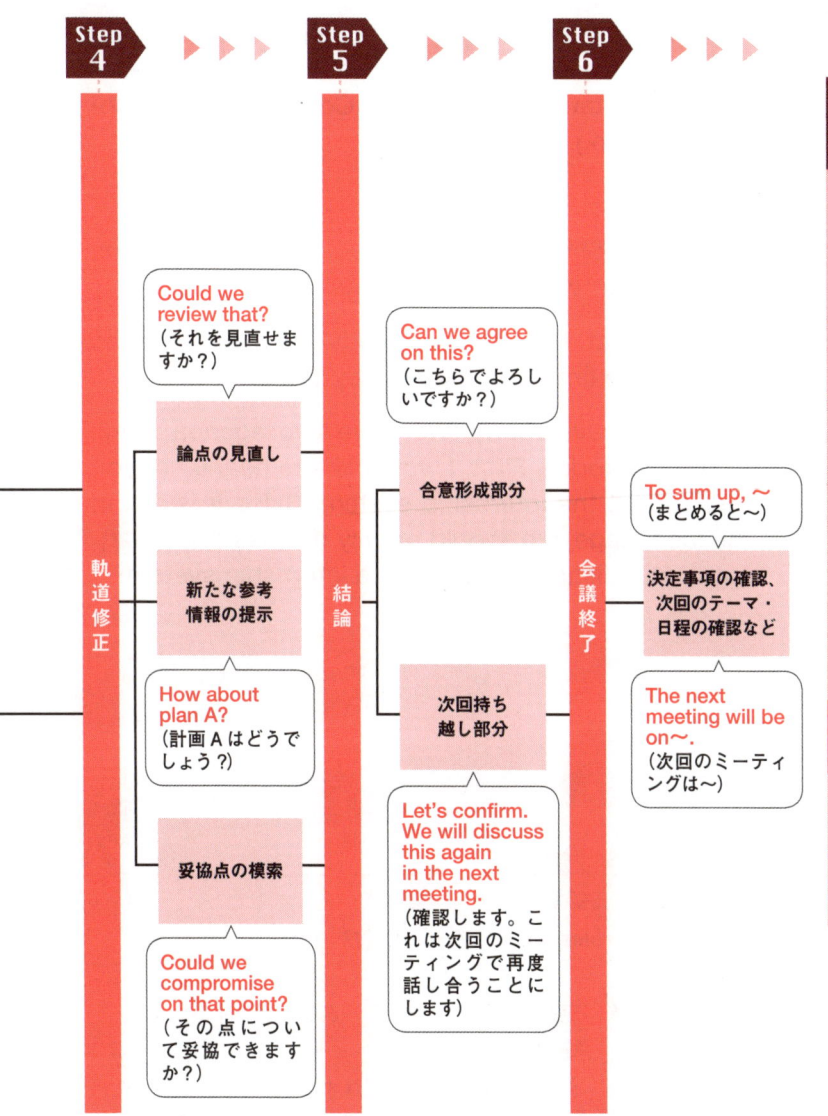

Lesson 8
Part 1 会議スタート

- If we are all here, let's get started with the staff meeting. First, we need to confirm our assigned roles. I will be facilitating this meeting. Could I have a volunteer for taking notes?

- I'll do it!

- Thank you. Since we don't have a clock in this room, we need somebody to keep time.

- I can do that. I will let everybody know the time, so that we can finish our meeting by 11:00.

- Thank you everybody. We have two agenda items to discuss today. First, I would like to hear what you think about the internship system. Since it is still in the idea stage, we should openly discuss the advantages and disadvantages of the internship system.

Words & Phrases
- **confirm** 確認する
- **assigned roles** 割り当てられた役割
- **facilitate** （会議などを）促進する、ファシリテーターを担当する
- **volunteer** 志願者
- **take notes** メモを取る、会議を記録する

先 育代　髙木 望　キム・ビョンホン

🧑‍💼 全員揃ったようであれば、スタッフミーティングをはじめましょう。最初に役割分担を確認しましょう。私はファシリテーターを担当します。どなたか、会議記録をお願いできますか？

👩 わたしがやります。

🧑‍💼 ありがとうございます。この部屋には時計がないので、どなたかに時間管理をしていただく必要があります。

👩 わたしができます。11時に終了できるよう、みなさんに時間をお伝えします。

🧑‍💼 みなさんありがとうございます！　今日話し合うことは2つあります。まずインターンシップ制度についてみなさんの意見を聞かせていただきます。これはまだアイディアという段階なので、インターンシップ制度のメリット、デメリットをざっくばらんに話し合ってみましょう。

- **since〜**　〜なので
- **keep time**　時間を管理する
- **internship**　インターンシップ、実務研修
- **advantage**　有利な点
- **disadvantage**　不利な点

Lesson 8
Part 2 会議内容①

🧑 Ikuyo-san, you worked as an intern when you were at university, right? Could you share that experience with us? That way we might be able to understand the advantages and disadvantages better.

👩 Okay. Let me share my personal experience with you. When I was a student in the U.S., I worked as a sales assistant intern in a corporation one summer. For a student, being an intern is a great opportunity to work in the "real world" without the responsibilities of a full-time employee. Students might be able to secure full-time positions for after graduation, so they can actually concentrate on schoolwork instead of worrying about the future.

Words & Phrases
- **intern** インターン、実習生
- **share** 共有する
- **experience** 経験
- **corporation** 企業
- **responsibility** 責任

🧑 育代先輩は、学生時代、インターンとして働いたことがありましたよね？　その体験を私たちと共有しませんか？　そうすることで、メリット、デメリットについて、よりよく理解できるかもしれません。

👩 わかりました。私の個人的体験をみなさんと共有させてください。アメリカの大学に在学中、某企業の営業アシスタントインターンとしてひと夏働きました。学生にとって、インターンであるということは、正社員の責任を負わずして実際の社会で働くことができるありがたい機会です。学生は卒業後に正社員の地位を確保できるかもしれないので、将来の心配をせずに、実際のところ学業に専念できます。

- **full-time employee**　正社員
- **schoolwork**　学業
- **instead of〜**　〜の代わりに
- **worry about〜**　〜を心配する
- **future**　将来の

Lesson 8
Part 3 会議内容②

👨 What's the advantage for the corporation?

👩 While it is difficult to fire a full-time employee, you don't have to worry about that with an intern. Of course, you need to have criteria for the interns, so they will be the well-qualified individuals you want.

👨 So it is an attractive system for both the business and the student. What's the catch?

👩 Even if the students like the company, the company might reject them and vice versa. It is important that the company understand this and be practical about it. I think we need to discuss this carefully.

👨 We don't have sufficient information to discuss and make a decision on an internship system yet. Before we present this to the executive committee, we need proper and sufficient data to persuade them.

Words & Phrases
- **criteria** 基準
- **well-qualified** 適任の
- **individual** 個々の
- **attractive** 魅力的な
- **reject** 拒否する
- **vice versa** 逆もまた同様

🧑 企業側にとってのメリットはどうなんでしょうかね？

👩 社員を解雇するのが難しい一方で、インターンについてはその心配をする必要がありません。もちろん、候補者たちが、質もよく、企業が欲している人材であるために、企業が基準を持つ必要がありますけど。

🧑 企業と学生双方にとって魅力的な制度ですね。留意点はありますか？

👩 学生がその企業を気に入っても、企業から断られる場合もあるし、その逆もあります。企業はこの点について理解し、現実的になることが大切です。このあたりも慎重に議論する必要があります。

👩 私たちには、インターンシップ制度を論じ決議を下すだけの十分な情報がまだありません。執行委員会にこれを提議する前に、彼らを説得できるだけの適切かつ十分なデータが必要ですね。

- **practical** 実際的な
- **sufficient** 十分な
- **make a decision** 決定する
- **executive committee** 執行委員会
- **persuade** 説得する

Lesson 8
Part 4 議題変更

🧑 As the timekeeper, I suggest we move on to another subject since we have more immediate matters to discuss. Why don't we bring more information on the internship system to our next meeting?

👨 Thank you for the good advice. I believe everybody is focusing on the discussion better since we assigned roles, but because of that our discussions tend to heat up and we often forget the time. As Nozomi said, we need to come up with answers for other matters, so let's move on. Do you have any objections?

全員 No.

Words & Phrases
- **timekeeper** タイムキーパー
- **immediate** 緊急性の高い、即刻の
- **matter** 事項
- **bring** 持ってくる
- **focus** 集中する

🧑‍🦰 もっと緊急性が高い議題を控えているので、別の話題に移ることをタイムキーパーとして提案します。次回の会議までにインターンシップ制度についてもっと情報を持ち寄りませんか？

👨 適切なアドバイスありがとうございます。役割分担がはっきりしているおかげで、みなさん議論に集中していますね。しかし、そのために議論が白熱してしまうと、私たちは時を忘れてしまいがちですね。望さんの言うとおり、他の議題の答えを出す必要がありますから、次に進みます。何か反対意見はありますか？

🔴全員 ありません！

- **discussion** ディスカッション、話し合い
- **tend to〜** 〜する傾向がある
- **heat up** 激化する
- **come up with〜** 〜を思い付く
- **objection** 異議、反対

Lesson 8
すぐに使える表現 10

英語	和訳
If we are all here, let's get started.	みなさん、おそろいのようですね。では始めましょう。
I will be facilitating this meeting.	私が議長を務めます。
Could I have a volunteer for taking notes?	どなたか書記をやっていただけませんか？
What is the advantage for the corporation?	企業へのメリットはなんですか？
The interns who come to your company will be well-qualified.	あなたの会社に入るインターンは高い資質があるでしょう。
And vice versa	逆もまた同様
I would like to suggest moving on to another subject.	次の議題に移ることを提案します。
Why don't we bring more information on the internship system?	インターンシップシステムの情報をもっと集めませんか？
We need to come up with answers for other matters.	他の議題では結論を出さなければなりません。
Do you have any objections?	何か反対意見はありますか？

その他ヒントや言い換え

一言声をかけて会議の始まりを促します。**Let's get started**(始めましょう)だけでも問題ありません。

note taker(書記)、timekeeper(タイムキーパー)などが会議の場での役割になります。事前にあるいは会議開始前に役割を分担しておきます。

volunteerは自主的にやってくれる人を指します。さまざまな場面で**Could I have a volunteer?**(どなたかやっていただけませんか)と言うフレーズを使うことができます。

「メリット」という日本語をそのまま英語でも使ってしまいそうですが、英語では、advantage(利点)を使う場合が一般的です。「デメリット」はdisadvantage(不利な点)です。

qualifiedは「資格がある」ですが、仕事に向いている「資質がある」の意味もあります。そのため、必ずしも何らかの資格証明を持っていなくても使えます。その一方、certifiedだと「認証されている」という意味のため、なんらかのライセンスのような証明書を持っている場合に使用します。

逆に同じことを言うときに使える表現です。**I can come to your office, or vice versa.**(私がそちらのオフィスにうかがってもいいですし、その逆でもいいですよ)

Let's move on to the next subject.(次の議題に移りましょう)議長であれば、**The next item on the agenda is…**(次の議題は……)と議題の移行を促すことができます。

Why don't we ○○ で「○○しませんか」の意味になります。**Let's〜/shall〜**(〜しましょう)少し提案の意味を強めると、**We should〜**(〜するべきだ)も同じように使えます。

to find a solution(解決策を探す)、**to resolve matter**(事態を解決する)

Is there anything else?(他に何かありますか?)

そのほかミーティングで使用できる表現

1. 日本人同士でその場で日本語を話したいとき

英語	和訳
Do you mind if I explain that point in Japanese?	その点を日本語で説明してもよろしいでしょうか？
I'd like to make sure that all the Japanese participants have understood our discussion correctly.	日本人の参加者すべてが議論を正しく理解しているか、日本語で確認させてください
I've just explained what ～ means in Japanese.	～の意味について日本語で説明したところです

2. 日本人を含め英語が苦手な人がいるとき

英語	和訳
For those of us who are not native speakers of English, let's be careful to avoid using too much slang.	英語が母国語でない人のために、口語を多用しないよう、気をつけましょう。
For those of us who are not native speakers of English, let's be careful to speak slowly and clearly.	英語が母国語でない人のために、ゆっくり、また明確に話すように、気をつけましょう

3. 話がわからなかったり、早くて聞き取れないとき

英語	和訳
I'm starting to lose track of the flow here. Could you slow down and recap what was just said?	私は内容がわからなくなってきています。スピードを落として、さっきお話されたことをもう一度言っていただけませんか？
I'm having trouble keeping up. Could you slow down a bit?	ついていくのが難しくなってきました。もう少しゆっくり話していただけませんか？
What does ～mean?	～とはどんな意味ですか？
Could you please explain what ～ is?	～の意味を説明していただけませんか？
Could you please go over that last point again?	先ほどのポイントをもう一度カバーしていただけませんか？
You mean～. Is that right?	あなたが意味していることは～。それでよろしいですか？

ミーティングでの役割ごとに使用できるフレーズ

1. 議長役に役に立つフレーズ

シチュエーション	フレーズ	和訳
会議開始時	Good morning/afternoon, everyone.	みなさんおはようございます／こんにちは
	If we are all here, let's get started	みなさんおそろいでしたら、始めましょう
人を紹介する	I'd like to introduce～.	～を紹介します
議題を紹介する	We're here today to～.	今日は～のためにここに集まりました
	Our aim is to ～.	我々の目的は～です
役割の確認	～has agreed to take the minutes.	～が書記をしてくださいます
	Would you mind taking notes today?	今日書記をしていただいてよろしいですか？

シチュエーション	フレーズ	和訳
最初の議題	So, the first item on the agenda is〜.	さあ、最初の議題は〜です
	〜, would you like to introduce this item?	〜、この議題を紹介していただけませんか？
議題を終える	I think that covers the subject.	これでその件については検討済みだと思います
	If nobody has anything else to add,	他にだれもご意見がなければ……
次の議題	Let's move onto the next item	次の議題に移りましょう
	The next item on the agenda is〜	次の議題は
まとめる	To sum up,	まとめると
	In brief,	簡単に
次回ミーティングの確認	The next meeting will be on〜.	次の会議は〜です
	What about next Wednesday at the same time?	来週水曜日に同じ時間でどうですか？
参加者にお礼を言う	Thank you all for attending.	ご出席ありがとうございました
	Thanks for your participation.	ご参加ありがとう

2. 参加者に役に立つフレーズ

シチュエーション	フレーズ	和訳
話の途中で意見を言いたいとき	May I have a word?	一言いいですか？
	Excuse me for interrupting.	お邪魔して申し訳ありません
意見を言う（下へ行くほど強い意見に）	In my opinion,	私の意見だと
	I think〜.	〜と思います
	I really feel that〜	本当に〜と感じ（思い）ます
	I believe〜.	〜と信じています
他の人の意見を尋ねる	〜,can we get your input?	〜さん、あなたの意見をいただけますか？
	How do you feel about〜?	〜についてどう感じ（思い）ますか？
	Do you think that〜?	〜と考えますか？
理解の表現	I get your point.（I'm not sure I get your point）	おっしゃる意味がわかります（おっしゃる意味がよくわかりません）
	I see what you mean.	おっしゃる意味がわかりました
同意を表す	I agree with 〜.	〜に賛成です
	That's exactly the way I feel.	まさに私がそのように思っていたことです
反意を表す	I understand what you are saying, but	おっしゃることは理解できますが
	I'm afraid I can't agree	申し訳ありませんが、私は賛成できません
提案する	We should〜.	私たちは〜するべきです

Lesson 9

交渉

ビジネスアドバイス

交渉のポイントは3つあります。まずは直近の課題に集中してる相手の場合、直近の利益調整に7割程度の時間を費やしながらも、長期的な視点を3割程度盛り込むように話を持っていきます。今回のスキットで太郎君は短期的問題と長期的問題を分けて商談を誘導しています。2つ目は、現場レベルでの話し合いで決定がつきそうにないときは、上層部を商談に囲い込むことです。3つ目は、相手側の要望を全面的に扱いながら、自分たちの要望もそれとなく主張する点です。自分たちの主張を押し出すことが苦手な方は、そんなときに使える表現をたくさん仕入れておくことをお勧めします。

スキットの背景

先日提案したハコザキ・フィリップファーマは、費用面で交渉が難航しています。担当者のメアリー・ブラウンからは費用面の話しか出てこないため、太郎君としては、同社が会社として今回の研修プログラムをどのようにとらえているのか、もう少し掘り下げてヒアリングしたいところです。そこで、彼女の上司で意思決定上重要な役割を担っているシンプソン部長にも同席してもらうことにしました。

☑ CHECK!

1回目	2回目	3回目	4回目	5回目

Fight!

Excellent!

Lesson 9
交渉展開チャート

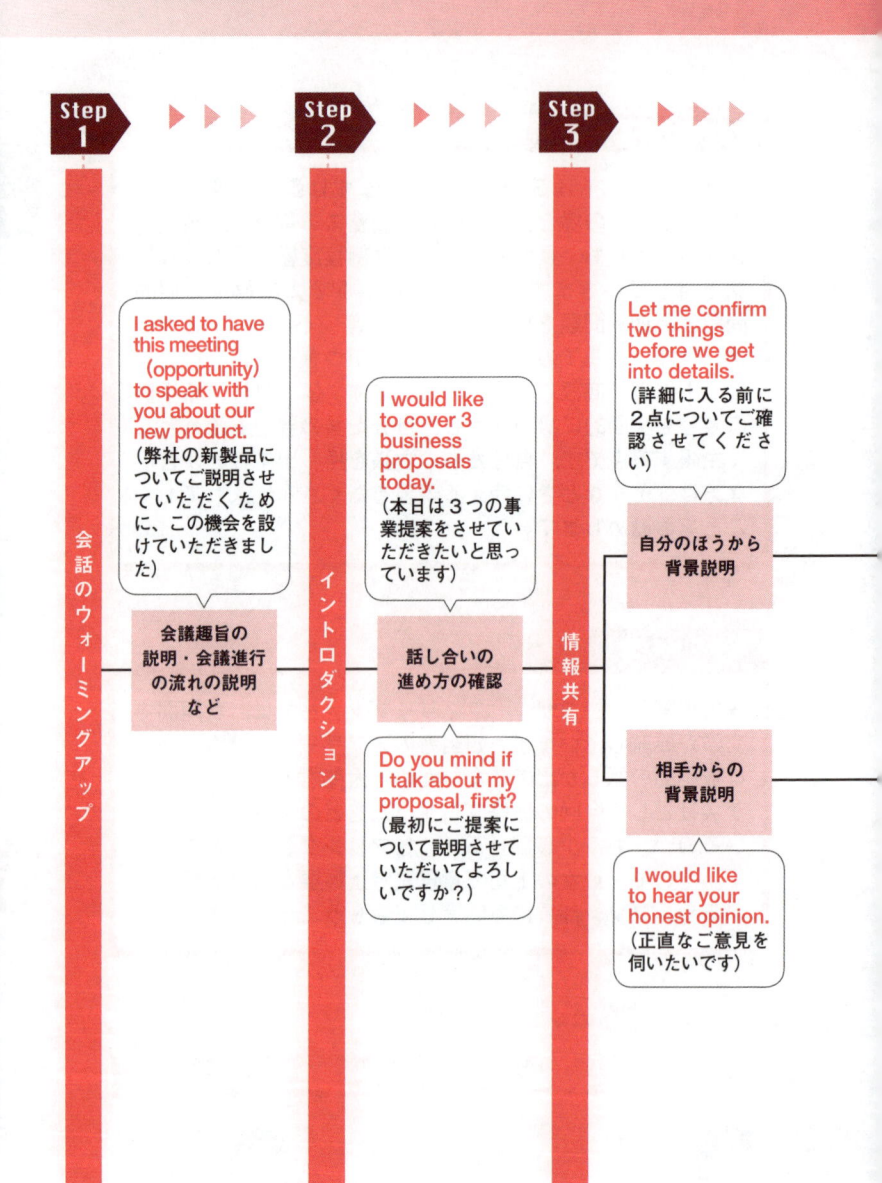

Step 1 ▶▶▶ 会話のウォーミングアップ

I asked to have this meeting (opportunity) to speak with you about our new product.
(弊社の新製品についてご説明させていただくために、この機会を設けていただきました)

会議趣旨の説明・会議進行の流れの説明など

Step 2 ▶▶▶ イントロダクション

I would like to cover 3 business proposals today.
(本日は3つの事業提案をさせていただきたいと思っています)

話し合いの進め方の確認

Do you mind if I talk about my proposal, first?
(最初にご提案について説明させていただいてよろしいですか?)

Step 3 ▶▶▶ 情報共有

Let me confirm two things before we get into details.
(詳細に入る前に2点についてご確認させてください)

自分のほうから背景説明

相手からの背景説明

I would like to hear your honest opinion.
(正直なご意見を伺いたいです)

Step 4 ▶▶▶ Step 5 ▶▶▶ Step 6 ▶▶▶

意見交換

自分の主張とその根拠

I would like to make a rough training plan.
（暫定的な教育計画を立てたいです）

妥協点の模索

Frankly, our business strategy and education plan do not really correlate.
（正直な話、弊社の事業戦略と教育計画はあまり相関性がありません）

利害調整

自社利益の主張

Is it possible for you to reconsider the price?
（値段を再検討していただけますか？）

ポイント：両者の利益部分・不利益部分の確認

相手利益への配慮

We can be flexible about the schedule and content according to your budget.
（御社の予算に応じて、スケジュールや内容については柔軟に対応できます）

交渉終了

Could you give us an answer by Friday morning?
（金曜日までにお返事いただけますか？）

決定事項の確認、未決定事項の継続審議の確認など

I would like to bring my superior to meet with you next time.
（次回お会いするときには、私の上司も同行させたいと思います）

2章

Lesson 1
Lesson 2
Lesson 3
Lesson 4
Lesson 5
Lesson 6
Lesson 7
Lesson 8
Lesson 9
Lesson 10

Lesson 9
Part 1 挨拶＆交渉導入部

🧑 Taro-san, let me introduce my boss Mr. Simpson. He is the head of our division.

👨 Hello. Nice to meet you. Thank you for coming.

👨 Thank you for taking the time to meet me.

👨 Please take a seat.

👨 Thank you.

🧑 To tell you the truth, we already secured agreement with the executives regarding the content of your training program. But we would like to negotiate on the price.

👨 Okay, I understand what you are saying. Let me confirm two things before we get into details. Considering your business strategy, what would be your goals for the training program if you could use all the money you wanted? I would like to hear your honest opinion without financial constraints. After that, could you give me your budget at this time?

Words & Phrases

- **the head of〜** 〜の長
- **take the time to〜** 〜するために時間をとる
- **take a seat** 座る
- **to tell you the truth** 実を言うと、実は
- **executive** 重役

🧑 太郎さん、私の上司のシンプソンを紹介します。彼は私たちの部門長です。

👨 こんにちは。お目にかかれて光栄です。お越しいただきありがとうございます。

👨 お時間をいただき、ありがとうございます。

👨 どうぞお座りください。

👨 ありがとうございます。

🧑 実を言いますと、貴社の研修プログラムについて、内容面ではすでに上層部の賛同が得られております。ただ、費用面で交渉させていただきたいのです。

👨 おっしゃることはわかりました。詳細に入る前に、二つのことを確認させてください。貴社の経営戦略を考える際、使えるだけのお金があるとしたら、教育プログラムの目標は何でしょうか？ 予算的制約を取り外した上で、率直なお考えを聞かせてください。そのあとで今回の予算について教えてください。

- **secure** 確保する
- **regarding〜** 〜について
- **content** 内容
- **negotiate on〜** 〜について交渉する
- **details** 詳細

Lesson 9
Part 2 提案①

🧑🏾 Okay. Frankly, our business strategy and education plan do not really correlate. I'm ashamed to say that we have coordinated almost nothing in that sense. Our human resource division only has the power to realize what the executive division orders us to do.

🧑 I understand. I would like to make a rough training plan that integrates your business strategy. This is just a suggestion, so there is no charge. I would like to show it to both you and Mr. Simpson.

🧑 Great. I'll have other division heads join us as it's not only our division's problem.

🧑 Thank you. I would like to create a training system that integrates the whole company organically. I will work on it right away and would appreciate it if I can receive honest opinions from you.

🧑 That sounds good.

🧑 For example, if you could share the overview for the past three years' training, we could work on the details. Of course we can be flexible about the schedule and content according to your budget.

Words & Phrases
- **correlate** 関連がある
- **rough plan** 素案、叩き台
- **integrate** 統合する
- **no charge** 無料
- **division head** 部門長

🧑 わかりました。正直申しまして、経営戦略と教育プランがあまりリンクしていないのが現状です。恥ずかしながら、そのあたりのすりあわせはほとんどできていません。私たち人材育成部門は、上層部からの命令を具体化する提案をするところまでしか実権が与えられていないのです。

🧑 わかりました。よろしければ、経営戦略と連動性を持たせた教育プランのたたき台を作らせていただいてもいいですか？ これは単なる提案ですので、料金は発生しません。その際は、メアリー様とシンプソン様にご覧いただきたいと存じます。

🧑 いいですね。他部門の部長にも参加してもらうようにしましょう。これはわが部門だけの問題ではないので。

🧑 ありがとうございます。全社として有機的に連動しあっている教育体系を作ります。取り急ぎたたき台を作りますから、各位より忌憚のないご意見をいただきたいと存じます。

🧑 それはいいですね。

🧑 たとえば、貴社の過去3年分の研修を外観できれば、詳細に取り掛かることができます。もちろん貴社の予算に合わせて、研修の時間や内容は柔軟に対応します。

- **appreciate** 感謝する
- **overview** 概要
- **work on〜** 〜に取り組む
- **flexible** 柔軟性
- **according to〜** 〜に従って

Lesson 9
Part 3 提案②

🙍 I am sorry we can't start the training right away, but I want to share the training program's vision with you. Would it be too much trouble for you to give us advice and support us as a partner in human resource development in the future?

🙎 Of course. We would like to develop a long-term relationship with you and not just be a supplier for a one-time seminar. We believe training should be considered across a long time span.

🙍 All right. So I would like to work on realizing a program for developing global-minded personnel that's targeted towards executive trainees. Our budget is about 20% less than your estimated price. Could you give us another proposal within that budget? Since I would like to move quickly on that, could you give us an answer by Friday morning? As for the three-year program, you can take more time.

🙎 I understand. I will give you the new proposal by Friday morning. I would like to bring my superior to meet with you next time.

Words & Phrases
- **vision** ビジョン、展望
- **development** 開発
- **long-term** 長期的な
- **supplier** サプライヤー、供給業者
- **time span** 期間

🧑‍🦱 すぐに具体的な受注につながらなくて申し訳ないのですが、研修の全体像を貴社と共有したいです。将来的に、人材開発のパートナーとして、助言や支援をいただくことをお願いできますか？

👱 もちろんです。私たちは、1回のプログラムの一供給者ではなく、貴社と長期的な関係を築きたいのです。研修とは、本来そういう長期的スパンで考えるものだと私たちは考えます。

🧑‍🦱 わかりました。それでは幹部候補生向けグローバルマインド養成プログラムの実現に取り組みたいと思います。わが社の予算は貴社見積価格より20％低いものです。その予算で、別途ご提案いただけますか？　この件については急ぎたいので、今週金曜日午前中までに回答いただけませんでしょうか？　3ヵ年研修プログラムのほうは、もう少し時間をかけていただいて結構です。

👱 了解しました。それでは新提案を金曜日朝までに提出いたします。次回は、私の上司も連れてまいります。

- **global-minded personnel**　グローバルな人材
- **executive trainees**　幹部研修生
- **estimate**　見積もる
- **proposal**　提案
- **superior**　上司

Lesson 9
すぐに使える表現 10

英語	和訳
He is the head of our division.	彼がわれわれの部門の責任者です。
Thank you for taking the time to meet me.	お時間をとっていただいてありがとうございます。
To tell you the truth,	正直な話、
We would like to negotiate on the price.	値段で交渉がしたいです。
Let me confirm.	確認させてください。
There is no charge.	無料です。
I'm ashamed to say that	残念なことに（恥ずかしいことに）
I will work on it right away.	すぐに取り掛かります。
We can be flexible about the schedule and content according to your budget.	スケジュールや内容を予算にしたがって柔軟にします。
Would it be too much trouble for you to give us advice and support?	ご提案と支援をお願いしてもよろしいでしょうか？

その他ヒントや言い換え

the head of ○○で、トップの人つまり責任者の意味になります。**He is responsible for our division.**（彼は我々の部門の責任を担っている）division head（部門長）と呼ばれることもあります。

必ず感謝の気持ちを表しましょう。このほかには前のモジュールにも登場した、Thank you for giving me this opportunity.（機会を与えてくださってありがとうございます）

frankly / frankly speaking / honestly（すべて「正直に言うと」）Frankly, I don't understand what the company sees in him.（正直な話、会社が何を彼に見出しているか理解できない）

negotiate on（交渉する）のほかにはdiscuss（討議する), work on（に取り組む）なども使用できます。I want to discuss the new project with you.（新しいプロジェクトについて話し合いがしたいです）

I would like to make sure that〜（〜に確実になるようにしたい）、 I want to confirm that〜（〜を確認したい）、 Let me check.（確認させてください：confirmより少し弱い感じです）

free of charge（無料）いわゆるfreeは「自由」の意味があるので、「無料」と言いたいときには忘れずに、charge（料金）をつけましょう。

同様なニュアンスで、残念だという気持ちを強めに含めた表現は、I'm sorry to say that〜.（残念ですが）

right away で「直ちに」という意味があります。ASAP（as soon as possible出来る限りすぐ）、immediately（すぐに）なども使用できます。ただし、「すぐ」は人によってどれぐらいか感じ方が異なります。必ず具体的に「いつ」なのかを確認するのを忘れないようにしましょう。

We can accommodate ○○ according to XXX（XXXにしたがって○○を適応させます）

Would it be too much trouble for you to +動詞？で、「〜していただけますか？」の丁寧な表現になります。直訳で「〜するのはお手数をおかけすぎでしょうか？」です。すこし難しいお願いなどをするときに使用しましょう。

Lesson 10

さまざまなライティング

ビジネスアドバイス

英語で文書を書く場合、日本語で十分な整理ができていない状態で、英語にしてしまうと、冗長であいまいでわかりにくい文書ができてしまいます。まずは書きたいコンテンツを頭の中で十分に整理し、次の展開チャートも参考にして、日本語のレベルである程度流れを固めてから、英語にしていきましょう。

スキットの背景

太郎君は上司であるマーサに次回会議の記録係を頼まれました。しかし、どうやって記録をすればよいのかわかりません。そこで、マーサから会議記録（ミニッツ）の作りかたについてアドバイスを受けることにしました。

☑ CHECK!

1回目	2回目	3回目	4回目	5回目

Fight!

Excellent!

Lesson 10
ライティング展開チャート

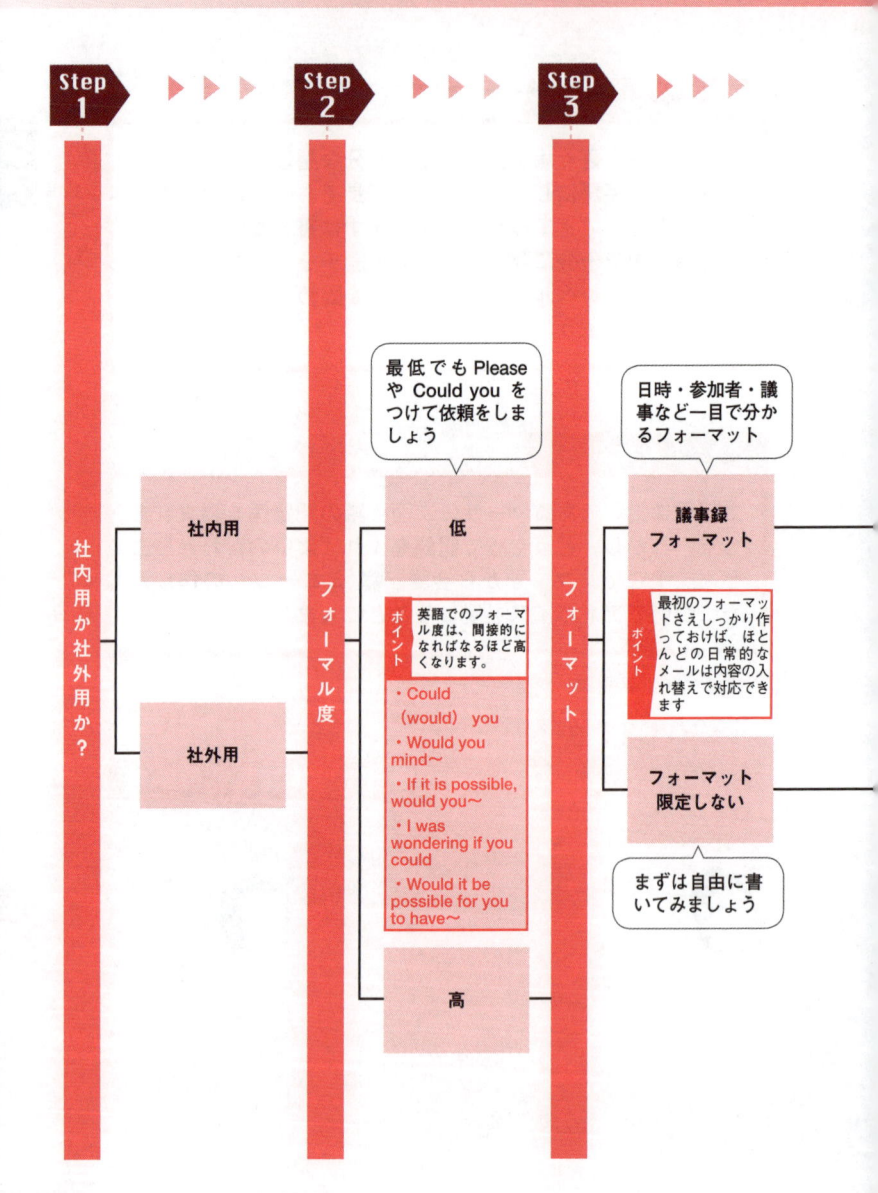

Step 1 ▶▶▶ **Step 2** ▶▶▶ **Step 3** ▶▶▶

社内用か社外用か？
- 社内用
- 社外用

フォーマル度
- 低
- 高

最低でもPleaseやCould youをつけて依頼をしましょう

ポイント： 英語でのフォーマル度は、間接的になればなるほど高くなります。

- Could (would) you
- Would you mind〜
- If it is possible, would you〜
- I was wondering if you could
- Would it be possible for you to have〜

フォーマット
- 議事録フォーマット
- フォーマット限定しない

日時・参加者・議事など一目で分かるフォーマット

ポイント： 最初のフォーマットさえしっかり作っておけば、ほとんどの日常的なメールは内容の入れ替えで対応できます

まずは自由に書いてみましょう

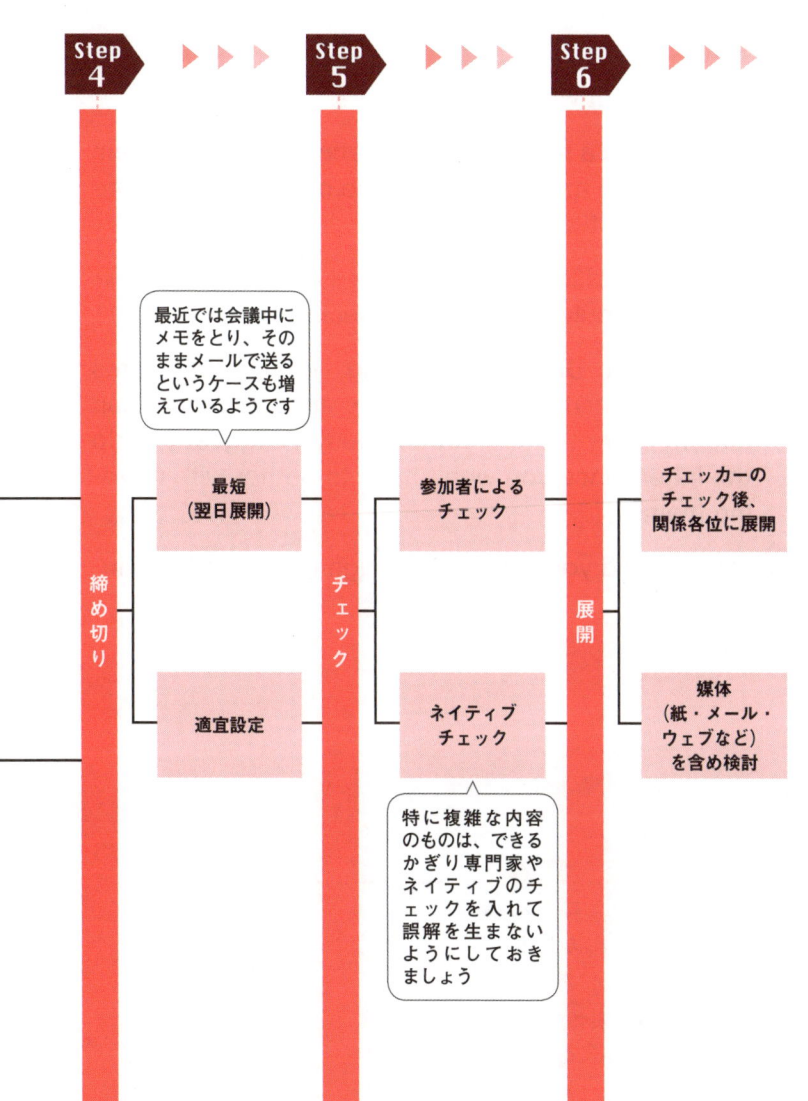

Step 4 ▶▶▶ Step 5 ▶▶▶ Step 6

締め切り
- 最短（翌日展開）
  - > 最近では会議中にメモをとり、そのままメールで送るというケースも増えているようです
- 適宜設定

チェック
- 参加者によるチェック
- ネイティブチェック
  - > 特に複雑な内容のものは、できるかぎり専門家やネイティブのチェックを入れて誤解を生まないようにしておきましょう

展開
- チェッカーのチェック後、関係各位に展開
- 媒体（紙・メール・ウェブなど）を含め検討

Lesson 10
Part 1 　議事録の説明

- Could you write the minutes for the next meeting?

- I'm sorry, but what are "minutes?"

- Minutes are a record of the meeting. You send them out after the meeting, so that we can share the content with all the participants.

- I see. I would love to do it. Since I don't have any experience, could you give me specific instructions?

- No problem. During the meeting, you can take notes and enter them later into your computer or you can directly enter them. If you are busy, I suggest you do the latter, since you won't have to bother with retyping them.

- Okay. Could you tell me the rough outline of the minutes?

Words & Phrases
- **minutes**　ミニッツ、議事録
- **participant**　参加者
- **experience**　経験
- **specific**　具体的な、特定の
- **instruction**　指示、命令
- **take notes**　メモを取る

🌸 今度の会議、ミニッツを書いていただけませんか？

👦 すみません、「ミニッツ」って何ですか？

🌸 会議内容の記録です。会議終了後に、参加者全員に送信して、会議内容を全員で共有するんです。

👦 わかりました。ぜひやらせてください。経験がないので、具体的に指導していただけますか？

🌸 わかりました。会議中、手書きメモをとって、その後でパソコンで整理してもいいし、直接入力してもいいです。忙しければ、再度タイピングする必要のない後者をお勧めします。

👦 わかりました。ミニッツのおおまかなレイアウトを教えていただけませんか？

- **enter** 入力する
- **directly** 直接
- **latter** 後者
- **since〜** 〜なので
- **bother with〜** 〜で面倒な思いをする
- **retype** 再入力する

Lesson 10
Part 2 議事録の詳細

🧑‍🦰 You have to write the time, venue, participants and the agenda. As for the agenda, you only have to write the decisions made during the meeting. Also, don't forget to write the action plan, such as who will do what by when! You should also itemize your points.

👨 Thank you. I think I have a rough idea of what minutes should be. If it's possible, could you show me the minutes from previous meetings?

🧑‍🦰 That's a good idea. You don't have to use the same format. If you use a similar format, however, it would be easier for you.

👨 Great. And when I finish writing them, I should have somebody check them before I send them out. I don't want to forget something important.

🧑‍🦰 Yes. I think so too. Why don't you show me your rough draft when you are done? Don't worry about grammatical mistakes. It's more important to get all the necessary information out than how good your English is.

Words & Phrases
- **venue** 会場、開催場所
- **agenda** 議題、アジェンダ
- **as for〜** 〜に関しては
- **decision** 決定したこと
- **itemize** 箇条書きにする

会議日時・会議場所・会議参加者・議題は必ず明記してください。議題については、会議中の結論だけを書けばいいです。行動計画、つまり誰が何をいつまでにするのかということも必ず書いてください。箇条書きなどを大いに使ってくださいね。

ありがとうございます。ミニッツのおおよそのイメージが沸きました。可能であれば、これまでのミニッツを見せていただけませんか？

それはいい考えですね。同じフォーマットにする必要はありませんよ。でも、似たようなレイアウトにしておけば、作るのは楽かもしれませんね。

そうですね。ミニッツを作り終えたら、参加者に送る前に、どなたかにチェックしてもらう必要がありますね。何か重要なことを書き忘れたくないので。

そうですね。私もそう思います。書き終えたら、素案を私に見せてください。英語の文法的なことはあまり気にしないでください。英語として上手かどうかより、必要な内容がすべて網羅されているかのほうが重要ですから。

- **previous** 以前の
- **similar** 類似した
- **format** フォーマット
- **rough draft** 素案
- **grammatical** 文法的な

Lesson 10
すぐに使える表現 10

英 語	和 訳
You can take notes.	メモをとることができます。
I suggest you do the latter.	後者をすることをお薦めします。
You won't have to bother with retyping them.	再入力の手間が省けます。
As for the agenda,	議題については、
If it's possible, could you show me the minutes?	もし可能ならば、議事録を見せていただけませんか？
It's that time of the year again.	〜の時期がやってきました。
TBA	後日案内
Please let me know as soon as possible.	できる限りすぐに私にお知らせください。
Pros and cons	メリットデメリット（良い点と悪い点）
If you have any questions or corrections, please do not hesitate to call me.	ご質問・修正がございましたら、ご遠慮なく電話してください。

その他ヒントや言い換え

take notesで「メモをとる」write down（書き留める)

前者だったらformerです。I suggest you+Vで「あなたにVすることをお薦めします」I suggest you listen carefully to what he says.（彼が言っていることをしっかり聞いておくことをお薦めします）

否定+ have to bother with○○で「○○の面倒をすることがない」I don't want to bother with glasses anymore で「もうメガネ（のような面倒なこと）から自由になりたい」という意味が伝わります。

As for〜/ about / regarding / concerning （すべて「〜について」）

If it's possible / could you+Vで「Vをしていただけませんか」の丁寧な表現になります。基本はcould you+Vです。I would appreciate it if you could +V （Vをしていただいたらありがたいのですが……）

カジュアルな言い方で、何か繰り返しやっていることを伝える際に使える決まり文句です。yearの部分をmonthなどで言い換えることができます。

To be announced（追って通知する）の略です。同様にFYI（for your information：ご参考までに）などもよく使います。miscはmiscellaneous（その他）の略です。

Please let me ○○.（私に○○させてください）Please let me go to the conference.（会議に行かせてください）

advantages and disadvantagesと同じように使います。meritという言葉はこういうときにはあまり使用しないので注意してください。

メールや手紙の最後につける定型文です。このcall meはcontact me / email me / fax meと入れ替えることができます。もし相手が連絡先を持っているかどうか確かでない場合は、ここで自分の連絡先を入れておきましょう。

会議案内(例)

Subject: Cross-divisional meeting

Dear all,

It's that time of the year again. Our quarterly cross-divisional meeting will be held as follows. Please don't forget to let me know who is going to attend from your division by December 14.

Meeting Details
Date: December 20th
Place: T.B.A
Agenda: Consultation Expo preparations
　　　　Internship system

If you have additional agenda you would like to discuss, please call me at ext.3125 as soon as possible

Thank you.

Taro Yoshiya

(訳)

件名： 部門間ミーティング

各位
　また、あの時期がやってまいりました。以下の予定で今期の部門間ミーティングを開催いたします。12月14日までに、各部門から出席する人をお知らせください。

ミーティング詳細
日程：12月20日
場所：追って通知
議題：コンサルタント展覧会準備
　　　インターンシップシステム

　追加の議題がございましたら、内線3125まで、できるだけ早めにご連絡ください。
よろしくお願いいたします。
吉屋太郎

議事録（例）

Cross-divisional meeting minutes

Present: Saki Ikuyo, Keith Johnson (Chair), Hideki Toda, Taro Yoshiya, Ken Wada, Spike White

Absent: Thomas Sutherland

Agenda

1. Consultation Expo preparations

- Keith will prepare the project schedule by 10/13.
- Saki will contact the suppliers for the necessary materials.
- Taro will be the project coordinator.

2. Internship system

- Pros: Company gets young qualified staff.
  Students get opportunity to find a full time job while in school.
- Cons: Not easy to find the right person/ company.
- Meeting members to collect more concrete information and bring it to the next meeting.

Tentative agenda for the next meeting

- Further discussion of internship system
- New company policy on health care

If you have any questions or correction, please do not hesitate to call me at ext.3125 or reply to this email.

Thank you.

Taro Yoshiya

(訳)

部門間ミーティング議事録

出席者：先育代、キース・ジョンソン（議長）、戸田英明、吉屋太郎、
　　　　和田研、スパイク・ホワイト

欠席者：トーマス・サザーランド

議題
1.コンサルタント展覧会準備

・10月13日までにキースがプロジェクトのスケジュールを用意する
・先さんが必要な資材についてサプライヤに連絡をとる
・吉屋がプロジェクトコーディネーターとなる

2.インターンシップシステム

・良い点：
　会社は若くて才能のあるスタッフを手に入れることができる
　学生は学校に通っている間に、正社員になる機会を得る
・悪い点：
　ピッタリくる人・企業を見つけるのは容易ではない
・会議出席者は、さらに具体的な情報を集めて次のミーティングに持ち寄る

次回ミーティングでの仮議題

・インターンシップについてのさらなる話し合い
・会社の新しい健康保険方針

　ご質問や修正がありましたら、ご遠慮なく内線3125番またはこのメールに返信してください。

よろしくお願いいたします。

吉屋太郎

第3章

ビジネスEメールとビジネス文書の書き方

1. ビジネスEメールの書き方

　Eメールを業務の効率アップに徹底活用するには、Eメールと対面式の商談の役割を明確に分けておくことが大切です。

　Eメールは、複雑な内容を整理したいときや簡単な事務連絡などを行う際に有効です。

　一方、相手に微妙なニュアンスを伝える必要があるときや、言葉で伝えきれない思いがあるときなどは、対面で話し合うのが理想です。

　英文のEメールにも、日本語のビジネスメールと同様、フォーマットがあり、そのフォーマットに従って書けば、わかりやすくシンプルな英文Eメールを作成することができます。

　本章ではEメールのフォーマットと各セクションで使用できるフレーズ、そして典型的なEメール文例を挙げておきます。ぜひ必要に応じて、自分なりに書きかえて使ってみてください。

　ビジネス定型文集で対応できない複雑な内容のものは、潔く英語のできる人に任せるか、自分なりに書いたら必ずチェックをしてもらいましょう！　無理をして誤解を生むよりこちらのほうが結局は時間を節約できます。

　また、Eメールを書く際は次ページのような展開チャートに従って書くといいでしょう。

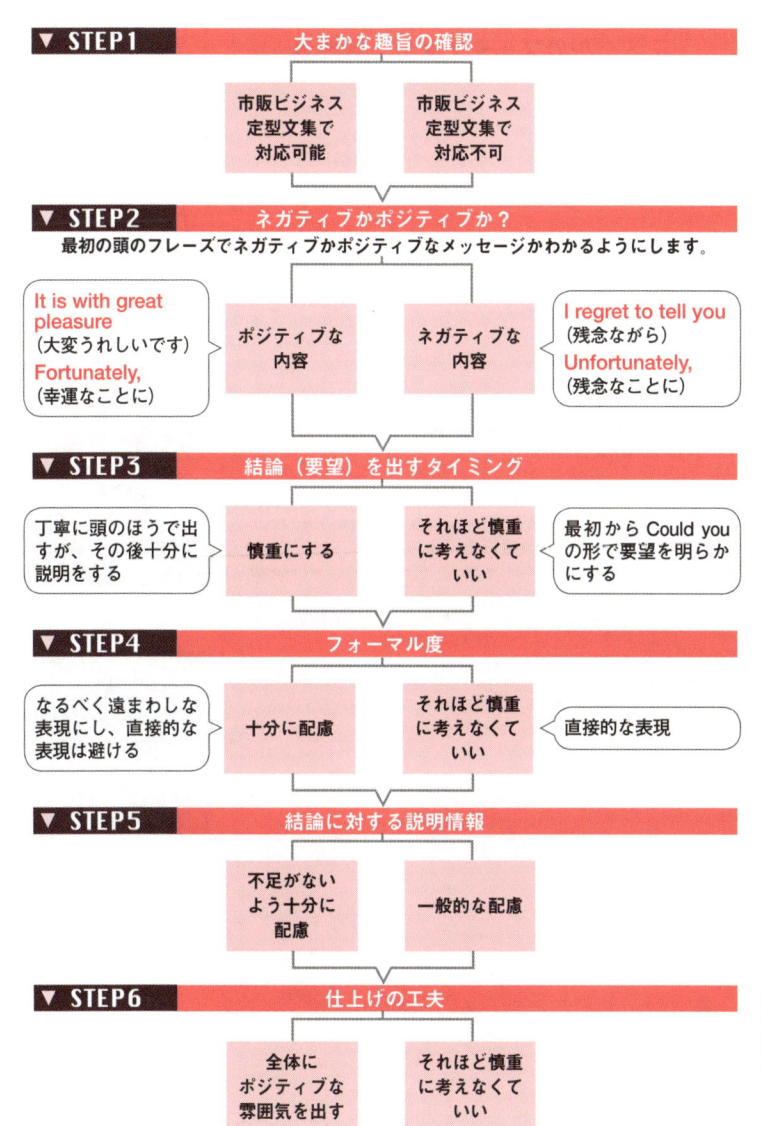

■ ■ ■展開チャート■ ■ ■

▼ STEP1　大まかな趣旨の確認

- 市販ビジネス定型文集で対応可能
- 市販ビジネス定型文集で対応不可

▼ STEP2　ネガティブかポジティブか？

最初の頭のフレーズでネガティブかポジティブなメッセージかわかるようにします。

- ポジティブな内容
  - It is with great pleasure（大変うれしいです）
  - Fortunately,（幸運なことに）
- ネガティブな内容
  - I regret to tell you（残念ながら）
  - Unfortunately,（残念なことに）

▼ STEP3　結論（要望）を出すタイミング

- 慎重にする ― 丁寧に頭のほうで出すが、その後十分に説明をする
- それほど慎重に考えなくていい ― 最初から Could you の形で要望を明らかにする

▼ STEP4　フォーマル度

- 十分に配慮 ― なるべく遠まわしな表現にし、直接的な表現は避ける
- それほど慎重に考えなくていい ― 直接的な表現

▼ STEP5　結論に対する説明情報

- 不足がないよう十分に配慮
- 一般的な配慮

▼ STEP6　仕上げの工夫

- 全体にポジティブな雰囲気を出す
- それほど慎重に考えなくていい

3章

Eメールのフォーマットと各要素

ビジネスパーソンは忙しい！　一目でわかる件名をつけましょう

Subject: our 12-17 appointment

Dear Mr. Jordan,

Thank you for your telephone message. I am sorry I was not there to answer your call.

I understand you need to change our appointment on the 17th. I can reschedule it to the 18th as requested.

I am looking forward to seeing you on the 18th at 10 a.m. at your office.
Thank you for calling.
Best regards,
Taro Yoshiya

Introduction： ここでメールの概要がわかるようにしましょう

Body： メール内容の詳細を述べましょう

Conclusion： メール最後の決まり文句の挨拶や連絡先、依頼、まとめなどを記述しましょう

1. Introduction で使用できるフレーズ

❶ 呼びかけ

- **Dear Sir or Madam,**
  宛先の人の名前がわからない場合

- **Dear Dr. / Mr. / Mrs. / Miss / Ms.〜**
  これらの後には必ずラストネーム（姓）が入り、ファーストネーム（名前）は通常入れません。

- **Dear 〜（ファーストネーム）**
  親しい人や相手からそう呼ぶように言われた場合に使います。ただし、あまりにも親しげでかえって使いにくい場合は、日本人が常用する「**san**」がおすすめです。たとえば、**Dear David-san** といった形で使用します。

- **To whom it may concern**
  特定の誰か宛ではなく、「ご担当者様」の代わりに使用することができます。

❷ 書き出し

- **Thank you for your letter of Jan.15th.**
  もらったEメールに返事を書くときは、このフレーズで開始すれば、相手にメールを受け取ったことを伝えることができます。

- **We have received your new brochure.**
  何かを受け取ったことを伝えます。

■ **My name is Taro Yoshiya and I work for Globalvision, a human resource training company.**
初めて相手に連絡をする場合は、名前と会社名を最初に伝えましょう。必要であれば、自社がどんな会社なのかを簡単に説明するのもいいでしょう。

■ **With reference to / Regarding / With respect to / About / In regard to / As regards / With regard to / Concerning / As for**
「～についてですが」と切り出す際に使えるフレーズです。

■ **I hope everything is going well with you.**
「お世話になっています」的な決まり文句です。いきなり用件に入りにくい場合はこちらをまずは使ってみましょう。

■ **Greetings from Tokyo head office**
同じ会社の海外支社などへ Hello の代わりに使用できます。

❸ メールの趣旨を記述する際に使用できるフレーズ

■ **I am writing to ～**　　　（私は～するために書いています）
　[to～のバリエーション]
　　・**to confirm ～**　　（～を確認するために）
　　・**to order～**　　（～を注文するために）
　　・**to inquire about～**　　（～について問い合わせるために）
　　・**to thank you for～**　　（～のことで感謝するために）
　　・**to apologize for～**　　（～のことで謝罪するために）

2. Body で使用できるフレーズ

❶ 依頼のフレーズ

※以下、下に行くほど、より丁寧な表現になります。

- **Could you 〜 please?**
  普通の依頼

- **Would you be able to 〜?**
  普通で少し遠慮した依頼

- **If you don't mind, could you 〜?**
  少し丁寧な依頼

- **I would appreciate it if you could 〜.**
  丁寧な依頼

- **I would sincerely appreciate it if you could 〜.**
  丁寧な依頼

❷ 肯定的なことを伝えるフレーズ

頭にこれらのフレーズをつけることで、読み手には「よい知らせが来る」というサインを伝えることができます。強調の副詞 **very** や **really**、**sincerely** などを追加して、**I am sincerely honored to tell you that** とか **I am very happy to tell you** などと言うと、より強い喜びが伝えられます。

- **Fortunately**
  (幸運なことに)

- **I am happy to tell you that〜**
  (〜を伝えられるのをうれしく思います)

- **I'm pleased to say / tell you that**
  (〜を伝えられるのをうれしく思います)

- **I am honored to tell you that**
  (〜を伝えられるのを光栄に思います)

- **It is my pleasure to tell you that**
  (〜を伝えられるのを幸甚に思います)

❸ 否定的なことを伝えるフレーズ

頭に以下のフレーズをつけることで、読み手には「悪い知らせが来る」というサインを伝えることができます。どのフレーズを使っても、丁寧さの程度にあまり違いはありません。強調の副詞 **very** や **really**、**sincerely** などを追加して、**I sincerely regret** や **I am very sorry to tell you that** と言えば、より強い意味になります。

- **Unfortunately,**　　（不幸なことに、残念ながら）
- **Regrettably, 〜**　　（残念ながら）
- **It is with regret that〜**　　（残念ながら）
- **I regret to tell you that**…
  （残念なことをお知らせしなくてはいけないのですが）
- **I am afraid that**…　　（申し訳ありませんが）
- **I am sorry, but**…　　（申し訳ありませんが）

❹ 書類などを同封添付する場合

- **I am attaching / enclosing 〜**
  (〜を添付同封します)

- **Attached / Enclosed you will find ～**
  (～が添付・同封されています)

- **Please find attached / enclosed ～**
  (添付・同封のをご確認ください)

3. Conclusionで使用できるフレーズ

❶ 決まり文句

- **Thank you in advance for your assistance.**
  (先にご協力のお礼を言います)
  ※依頼をした際に先にお礼を言う

- **If you have any questions, please do not hesitate to contact me.**
  (ご質問等ございましたら、遠慮なくご連絡ください)

- **I am looking forward to hearing from / seeing you soon.**
  (近々お返事いただける／お会いできることを楽しみにしております)

- **I look forward to your response.**
  (お返事を楽しみにしております)

❷ 結びのフレーズ

以下、下に行くほど、より丁寧な表現になります。

- **Thank you**　　ビジネス上よく知る人や友人へ
- **Best wishes,**　ビジネス上よく知っている人や友人へ

- **Best regards, / Regards,** ビジネス上よく知っている人や友人へ
- **Sincerely yours, / Sincerely,** 名前を知っている相手に対して
- **Yours faithfully,** 知らない相手に対して

4. そのほか使えるミニフレーズ

❶ 急ぎであることを伝えたいとき

- **as soon as possible/ ASAP** （できる限り早く）
- **at your earliest convenience**
  （あなたのご都合がつき次第）※やや丁寧
- **at your convenience**
  （あなたのご都合がよいときに）※やや丁寧
- **without delay** （遅れないで）

❷ 依頼について

- **as per your request** （あなたのご依頼については）
- **as requested** （ご依頼の通り）

❸ 〜について

- **as per invoice / estimate** （請求書／見積もりについては）
- **as far as** (I'm / the payment is / the company) **is concerned**
  （私／支払／会社に関する限り）
- **in compliance with / accordingly** （〜に従って）

❹ 知らせ案内

- **in reply to your email** （あなたのメールへのお返事として）
- **on short notice** （急な知らせ）
- **without notice** （知らせなしで）
- **Would you please let us know ~**
  （~についてお知らせください）

❺ その他

- **always at your service** （いつでもお手伝いします）
- **as agreed** （同意したように）
- **as follows** （以下の通り）
- **be interested in ~** （~に興味を持つ）
- **be delighted to ~** （喜んで~する）
- **be held responsible for ~** （~に責任があるとされる）
- **in case of need** （必要がある際は）
- **in due time / in due course** （いずれは）
- **on behalf of ~** （~の代理として）
- **on condition that / provided that ~** （~という条件で）
- **on delivery（cash on delivery）** 配送の際には（着払い）

Email Sample

1：依頼のメール

Subject: Request for the latest catalog

To whom it may concern:

My name is Taro Yoshiya and I work for Globalvision. I saw your advertisement in Maicho Shinpo and I am very interested in your textbooks. Could you please send me a copy of your latest catalog? My address is below.

I would also like to know if it is possible to make large volume purchases online and if there is a volume discount.

Thank you in advance for your assistance.

Yours faithfully,

Taro Yoshiya

Consultant, Corporate Division

Globalvision Corp.

1-1-1 Nishishinjuku, Shinjuku, Tokyo 111-11

件 名： 最新カタログの依頼

関係各位：

　私は吉屋太郎と申します。グローバルビジョンに勤務しております。『毎朝新報』で貴社広告を拝見し、貴社の教科書に非常に興味を持っております。最新のカタログを1冊小職まで送っていただけませんでしょうか？
住所は下記の通りです。

　オンラインにて大量購入が可能かどうか、大量購入割引があるかどうかについてもお知らせいただけますか。

　以上ご協力いただければ幸いです。

　よろしくお願いいたします。

グローバルビジョン株式会社

コンサルタント／法人事業部
吉屋太郎
〒111－11
東京都新宿区西新宿1－1－1

Email Sample

2：依頼への返事

Subject: Our latest catalog (attached: product catalog PDF)

Dear Mr. Yoshiya,

Thank you for your email of Jan.15th inquiring about our latest catalog. Please find attached a digital version of our latest textbook catalog. I have also sent the printed version via courier today. It should arrive at your office by Friday.

With regard to your question about ordering large volume online, we can accommodate most volume orders online. However we prefer to do volume orders for first time clients after we meet in person and sign a supplier contract. As for volume discounts, we are sure we can offer you something depending on the volume and terms.

Thank you again for your interest in our company.

We look forward to welcoming you as our client.

Yours sincerely,

David Chen

Chief, Customer Relations

EXTRAordinary TEXTBOOK CO.

件名： 弊社最新カタログ（添付：製品カタログPDF）

吉屋　様

　1月15日付のメールにて、弊社最新カタログをご依頼いただきありがとうございました。添付の弊社最新教科書カタログのデジタル版をご覧ください。本日、冊子版も宅配便にて送付いたしました。貴社には金曜日までに到着の予定です。

　オンラインでの大量注文に関するご質問につきまして、私どもはほとんどのオンラインでの大量注文に対応できます。ただし、初めてお取引させていただくお客様には、一度お目にかかり、供給者契約を締結してから、大量注文に応じさせていただければ幸いです。大量注文割引につきましては、その量や諸条件に合わせてご提案できます。

　弊社にご興味を持っていただき改めて御礼申し上げます。

　貴社を新しいお客様としてお迎えできるのを楽しみにしております。

　何卒よろしくお願い申しあげます。

デイビッド・チェン
カスタマーリレーションズチーフ
エキストラオーディナリーテキストブック株式会社

Email Sample

3：確認のメール

Subject: Textbook order

Dear Mary-san,

Thank you for your phone call today. I am writing to confirm your order for 200 copies of the "How to think Globally" textbook, for the new class.

The books will be shipped within three days by courier service and should arrive at your office within a week.

If you have any problems, please do not hesitate to contact me.

Best regards,

Taro Yoshiya

件名： 教科書の発注

メアリーさんへ

今日はお電話をいただき、ありがとうございました。新しいクラス向け教科書『How to think Globally』200冊のご注文の確認をいたしたく、ご連絡をさしあげております。

この本は宅配便にて3日以内に出荷され、1週間以内に貴社に到着します。

もし何か問題がございましたら、私にご連絡ください。

よろしくお願いいたします。

吉屋太郎

Email Sample

4：お礼のメール

Subject: Thank you

Dear Mr. Blake

I just wanted to thank you for taking the time to meet with me today to discuss the business opportunities for our companies. I truly believe there is a great potential for new business, if we collaborate on developing globalization projects.

Thank you again and I am looking forward to seeing you at our next meeting.

Best regards,

Taro Yoshiya

件名： 御礼

ブレイク様

　本日は弊社のビジネス機会について話し合うため、小職とお目にかかっていただく時間をいただきありがとうございました。グローバル化プロジェクトを共同で作り上げていけば、新しいビジネスの大きな可能性があることを確信しております。
　改めて御礼申し上げますとともに、次回の会議でお目にかかれるのを楽しみにしております。

　よろしくお願いいたします。

吉屋太郎

Email Sample

5：クレームのメール

Subject: our order of Jan. 25 No.13598

Dear Mr. Chen:

As someone who has worked with your company from the beginning, I was very disappointed to find that the books we ordered have not been delivered to our clients on time.

As per our contract, we expected you to send all needed textbooks within three days after the order. Our order （No.13598） was made on Jan 25, and our client still hasn't received any textbooks. I would appreciate it if you could check our order and have it delivered today, if possible.

We really need to address the problem with your delivery. I will call you tomorrow morning to discuss the matter.

Thank you for your immediate action to this matter.

Best regards,

Taro Yoshiya

件名： 1月25日の弊社注文（注文番号　13598）

チェン様

　貴社と以前からお取引をさせていただいてきた者として、注文させていただいた書籍が予定通りにお客様に配送されなかったことは大変残念でした。

　契約に従い、弊社では注文から3日以内に全必要書籍を貴社が発送するものと思っておりました。弊社注文（注文番号13598）は、1月25日になされましたが、お客様はいまだにどの教科書も受け取られていません。注文状況を確認いただき、できれば本日発送していただければ幸いです。

　弊社は貴社の配送に関する問題についてしっかりと対処を講じなければなりません。明朝本件についてお話するため電話をさしあげます。

　本件に対する迅速な対応をお願いいたします。

　以上よろしくお願いいたします。

吉屋太郎

2. わかりやすい英文作成3つのヒント

ここでは、わかりやすい英文を作成するための3つのヒントを説明します。このヒントは、前項で説明したEメールなどの短文はもちろん、スピーチやプレゼンテーションなどの長文まで、すべてにおいて応用できます。

3つのヒントとは、以下のとおりです。

Hint.01 英文構造の3つのパートを理解する

Hint.02 英文の主な論理展開を理解する

Hint.03 「つなぎ言葉」を理解する

要するに、「まとまり」と「流れ」さえ明確であれば、聞き手や読み手は理解しやすい英文をつくれるということです。

3つのパート、すなわち3つの情報の「まとまり」を明らかにしつつ、「つなぎ言葉」を使って、情報の「流れ」を整えるのがポイントです。

それでは、以下1つずつ詳しく説明します。

Hint.01 英文構造の3つのパートを理解する

英文は大きく分けて3つのパートでできています。すべてのビジネス英文は、基本的にこの構造で作られていると考えてよいでしょう。

❶ イントロダクション：
これから何を伝えるのかを相手に明確にしましょう。
　(**Tell them what you're going to tell them.**)

❷ ボディ：
相手に内容を伝えましょう。(**Tell them.**)

❸ コンクルージョン：
何を伝えたのかを相手に確認しましょう。
　(**Then tell them what you've told them.**)
今回の話の結論を言いましょう。
　(**Tell them your conclusions.**)

■ ■ ■例）スピーチ例：■ ■ ■

イントロダクション

Good morning, everybody!

My name is Taro Yoshiya and needless to say, I am a devoted sales representative of Globalvision, ever since I joined the company. Today I would like to introduce to you our action plan to expand our market share.

The action plan consists of 3 stages. The 1st stage consists of doing a detailed research of the market and potential clients. In the 2nd stage, we will create a sales strategy based on that research. And finally, in the 3rd stage, we will implement the sales strategy.

ボディ

First, let me show you how we plan to do the research on the market and potential clients.

（中略）

コンクルージョン

So today, I presented to you our 3-stage action plan. The 1st stage is research, the 2nd stage is planning and the 3rd stage is implementation. We have finished the 1st stage and are moving into the 2nd stage this quarter. I would welcome any input you may have after you read the research results.

Thank you for taking the time to listen to me today!

（訳）

みなさま、おはようございます。

私の名前は吉屋太郎と申します。言うまでもなく、この会社に入社したときから営業一筋です。本日は、私たちの市場シェアを拡張するためのアクションプランをご紹介させていただきます。

このアクションプランは、3つの段階で構成されています。第1段階では、市場と潜在的顧客の詳細なリサーチを実施します。第2段階では、そのリサーチに基づいて販売戦略を構築します。そして最後の第3段階で、その販売戦略を実施します。

まずはじめに、市場と潜在的顧客のリサーチをどのように実施する計画なのかをお見せします。

（中略）

本日は私たちの3段階のアクションプランをご紹介しました。第1段階はリサーチ、第2段階は計画策定、第3段階は実施となります。私たちはすでに第1段階を終了し、今期は第2段階へと進みます。リサーチの結果を検討していただき、何かご意見がございましたら、いただけるとうれしいです。

本日は私の話を聞くためにお時間を割いていただき、ありがとうございました。

Hint.02 英文の主な論理展開

　ボディ部分をわかりやすく伝えるためには、内容の道筋、つまり論理展開をどのようにするか明確にする必要があります。

　その際に使用できる主な論理の展開アプローチには、以下の6つがあります。伝えたい内容に合わせて、アプローチを組み合わせたりしながら、わかりやすく論理的に内容を展開していきましょう。

❶ 時系列アプローチ（Chronological approach）

人の紹介や会社の成り立ちなど、時系列に内容を展開するときに使います。

❷ 原因と結果アプローチ（Cause and effect approach）

大ヒット製品の理由や不具合の説明など、何かが起きたときにその原因と結果を伝えるときに使います。

❸ ステップ・バイ・ステップ・アプローチ（Step-by-step approach）

新しい製品の使い方や何かの作り方など、段階を踏んで物事を説明するときに使います。

❹ 比較対照アプローチ（Comparing and contrasting approach）

新製品と従来の製品の違いなどを比較しながら伝えるときに使います。

❺ 帰納法アプローチ（Induction approach）

調査結果や実験結果などを伝えるときに使います。

❻ 演繹法アプローチ（Deduction approach）

調査結果や実験結果などを伝えるときに使います。

Hint.03 つなぎ言葉

つなぎ言葉とは、内容を論理的に伝えるためのサポートとなる語句です。英文を書く際に、最初にどの論理アプローチを使うかを決めることで、内容の展開の道筋が決まります。次に、その道を人が迷うことなくたどれるように「道しるべ」が必要になります。ここで道しるべとなるのが、つなぎ言葉です。

たとえば、ステップ・バイ・ステップ・アプローチでしたら、**first, second** などの段階を伝えるつなぎ言葉を使うことで、相手は迷うことなく内容を追うことが可能になります。ここでは、論理展開で使用できる主なつなぎ言葉を記述しました。英文を作成する際の参考にしてください。

❶ 順序や時間の経過を明確にするとき

- **after**（あとに）
- **afterward**（あとに（なって））
- **before**（以前に）
- **then**（次に）
- **once**（以前に）
- **next**（次に）
- **last**（最後）
- **at last**（ついに）
- **at length**（ついに）
- **first**（初めに、1つ目に）
- **second**（2つ目に）
- **at first**（最初は）
- **formerly**（以前（は））
- **rarely**（めったに……しない）
- **usually**（通常）
- **finally**（最後に）
- **to begin with**（まず初めに）
- **generally**（普通（は））
- **in order to**（〜するために）
- **subsequently**（その後（に））
- **previously**（以前に）
- **in the meantime**（その間［合間］（に））

- **immediately**（すぐに）
- **eventually**（最終的に（は））

❷ 同時にすることを伝えるとき
- **concurrently**（共に）
- **simultaneously**（同時に）

❸ 例を出すとき
- **for example / for instance**（たとえば）
- **to illustrate**（たとえば）
- **in other words**（言い換えれば）
- **in particular**（特に）
- **specifically**（特に）
- **such as**（たとえば〜など）

❹ 何か追加して伝えるとき
- **and**（〜と）
- **in addition to**（〜に加えて）
- **furthermore**（その上に）
- **moreover**（さらに）
- **besides**（（それに）加えて）
- **than**（〜より）
- **too also**（〜と）
- **both A and B**（AもBも両方とも）
- **another**（もう1つ）
- **equally important**（同様に重要な）
- **further**（なお一層）
- **not only A but also B**（AだけでなくBも、AのみならずBも）

- **A as well as B**（**A**も**B**も）
- **next**（次に）
- **similarly**（同様に）
- **as a result**（結果として）
- **in the same way**（同じように）
- **thus**（それ故に）
- **otherwise**（さもなければ）
- **in the second place**（次いで）
- **likewise**（同じく）
- **in fact**（実際に（は））
- **consequently**（それ故に）
- **however**（どんなに～でも）
- **therefore**（それ故に）

❺ 対照するとき

- **on the contrary**（それどころか）
- **notwithstanding**（～にもかかわらず）
- **however**（どんなに～でも）
- **in spite of**（～にもかかわらず）
- **yet**（まだ）
- **on the other hand**（他方では）
- **A or B**（**A**または**B**）
- **conversely**（反対に）
- **while this may be true**（これが当てはまるとしても）
- **contrarily**（これに反して）
- **but**（しかし）
- **nevertheless**（それにもかかわらず）
- **in contrast**（対照的に）
- **on one hand**（一方では）
- **rather**（かなり）
- **A nor B**（**A**も**B**もない）
- **at the same time**（その一方で）

❻ 似ているものを比べるとき
- **Similarly**（同様に）
- **likewise**（同じく）
- **in like fashion**（同様に）

❼ 原因・結果・目的を表すとき
- **so that**（〜するために）
- **with the result that**（その結果〔that以下〕となって）
- **thus**（それ故に）
- **consequently**（それ故に）
- **hence**（だから）
- **accordingly**（それ故に）
- **for this reason**（こういう訳で）
- **therefore**（それ故に）
- **so**（それで、だから）
- **because**（〜だから）
- **since**（だから、〜なので）
- **due to**（〜が原因で）
- **then**（その結果）
- **it turned out**（結局）
- **because**
- **the reason why〜 is that**（理由は〜〔that以下〕）

❽ 強調するとき
- **in fact**（要するに）
- **above all**（何よりもまず）
- **indeed**（実に）
- **truly**（本当に）
- **of course**（もちろん）
- **certainly**（確かに）
- **surely**（確かに）
- **really**（本当に）
- **in truth**（実のところ）
- **again**（再度）
- **besides**（（それに）加えて）
- **also**（〜もまた）
- **furthermore**（その上に）
- **in addition**（さらに）

❾ 要約するとき
- **Therefore**（それゆえに）
- **consequently**（それ故に）
- **in short**（要するに）
- **in brief**（手短に）
- **accordingly**（それ故（に））
- **finally**（最終的に）
- **thus**（したがって）
- **in conclusion**（結論として）
- **as a result**（結果として）

❿ 対照するとき
- **by contrast**（対照的に）
- **conversely**（逆に）
- **while**（だが一方で）
- **on the contrary**（それに比べて）
- **on the other hand**（他方では）

■■■つなぎ言葉を使った論理展開の例■■■

❶ 時系列アプローチ（Chronological approach）

伝えたい内容：人の紹介

1. **Received his Ph.D. in finance**
   （金融で博士号を取得）

2. **Entered Phillip Pharma**
   （フィリップファーマに入社）

3. **Spent ten years with that company as an expert on finance**
   （金融の専門家として同社に**10**年勤務）

4. **Joined as a member of the board**
   （役員として就任）

5. **Contributed to the restructuring**
   （再構築に貢献）

6. **Will help the Japanese branch rebuild**
   （日本支社の再構築を助ける）

つなぎ言葉を使って内容をつなげる
⬇

Good evening, everyone. It gives me great pleasure to introduce to you Mr. Mike Pearson, who has *just* transferred here from the head office in Australia. *After* receiving his Ph.D. in finance from Perth University, Mr. Pearson entered Phillip Pharma *and* spent ten years with that company as an expert on finance. *Then* he joined us as a member of the board *when* our company was established by merging with Hakozaki

Pharmaceutical. He contributed to the restructuring ***after*** the merger and acquisition. ***Now*** he will help our Tokyo head office rebuild. Ladies and gentlemen, I give you Mr. Mike Pearson.

（訳）
みなさん、こんばんは。オーストラリアの本社からこちらへ転任されたマイク・ピアソン氏をご紹介できて、大変光栄に思います。ピアソン氏はパース大学にて金融で博士号を取得された後、フィリップファーマに入社され、金融の専門家として**10**年間務められました。その後、箱崎製薬会社との合併でわが社が設立された際に、役員として就任されました。ピアソン氏は、吸収合併後の再構築に貢献されてきました。今後は東京本社の再構築にご尽力いただきます。みなさん、マイク・ピアソン氏です。

❷ 原因と結果アプローチ（Cause and effect approach）

伝えたい内容：製品リコールのニュース

結果（Effect）

1. **JustWare is recalling coffee tumblers.**
   （ジャストウェアは、コーヒータンブラをリコールする）

原因（Cause）

Complaints have been made by customers who have burned themselves while using the tumbler.
（タンブラを使用して火傷を負った客からクレームがあった）

つなぎ言葉を使って内容をつなげる

JustWare is *now* recalling their popular product, JustCoffee tumblers, from store shelves. *Recently,* there have been complaints from customers who have burned themselves while drinking from the tumblers. *As a result* of discussing these complaints in a meeting, the company's board of directors came to this decision. No serious injuries have been reported. George Kentworth, the president of JustWare, announced that the company has decided to recall the product to prevent any serious injuries from occurring. Customers who have bought a JustCoffee tumbler may return it to the shop where it was purchased, *and* they will receive a full refund. *For more* details, please call the store where the product was purchased.

(訳)

　ジャストウェアは、店頭から人気商品であるジャストコーヒータンブラのリコールを実施する。タンブラから飲んで火傷を負った客からのクレームが最近あった。会議でクレームについて話し合った結果、執行委員会はこの決定を下した。重症の報告はない。ジャストウェアの社長のジョージ・ケントワース氏は、重傷が起きるのを未然に防ぐために製品のリコールを決めたと発表した。ジャストコーヒータンブラを購入した客は、購入店舗で返却可能であり、全額払い戻しされる。詳細については、購入店舗に電話で連絡のこと。

❸ ステップ・バイ・ステップ・アプローチ（Step-by-step approach）

伝えたい内容：巻き寿司の作り方

Step 1: Make sushi rice flavored with vinegar.
（酢ですし飯を作る）

Step 2: Cut shiitake mushrooms into thin strips.
（しいたけを薄く短冊切りにする）

Step 3: Cook kanpyo and shiitake mushroom in dashi.
（かんぴょうとしいたけを出汁で煮る）

Step 4: Place seaweed on a thin bamboo mat.
（のりを巻きすの上に乗せる）

Step 5: Evenly spread out sushi rice on seaweed.
（すし飯を海苔の上に均一に広げる）

Step 7: Fold over rice and ingredients and press.
（すし飯と具を巻いて押さえる）

つなぎ言葉を使って内容をつなげる

⬇

Maki-zushi, or rolled suchi is often prepared for picnic lunches. This is a very popular Japanese food. *Actually*, it's very simple to make. *First*, make sushi rice flavored with vinegar. *Second*, prepare the ingredients for the center of the rolls. Cut shiitake mushrooms into thin strips. Cook kanpyo and shiitake mushrooms in broth flavored with sugar, salt and soy sauce. Place seaweed on a thin bamboo mat. Spread out the sushi rice evenly on the seaweed. *Then*, arrange the ingredients on the sushi rice. **_Finally_**, fold over the rice **_and_** ingredients **_and_** press. Enjoy preparing maki-zushi!

(訳)

　巻き寿司または海苔巻きはピクニックなどのランチのときによく作られます。日本でとても人気のある食べものです。実際にはとても簡単にできます。第1に、酢で味つけしたすし飯を作ります。第2に、巻き寿司の真ん中の具を準備します。しいたけを薄く短冊切りにします。かんぴょうとしいたけを砂糖・塩・醤油を入れた出汁で煮ます。海苔を巻きすの上に置きます。すし飯を海苔の上に均一に広げます。そのあと、すし飯の上に具を並べます。最後にすし飯と具を巻いて押さえます。巻き寿司作りを楽しんでください！

❹ 比較対照アプローチ（Comparing and contrasting approach）

伝えたい内容：新製品と従来製品の違い

従来とほとんど代わらない点

- **Compactness**（小型）
- **Lightness**（軽量）

改善点

- **Lens capability**（レンズの機能）

    The new one： magnifying an object 25 times
    （新しい製品：対象を25倍に拡大）

    The conventional one： magnifying an object 10 times
    （従来の製品：対象を10倍に拡大）

- **Sensitivity of the microphone**（マイクの感度）

    The sensitivity of the microphone in the new one is further developed.
    （新しい製品のマイクの感度はさらに開発されている）

- **The function that lets you send video by e-mail**
    （映像をEメールで送付できる機能）

    The new one： available（新しい製品：ある）

    The conventional one：not available
    （従来の製品：なし）

つなぎ言葉を使って内容をつなげる

Mag Flick Co. has marketed a new digital video recorder, the Mag Star 082, with an optical zoom lens capable of magnifying an object 25 times. ***By contrast***, the conventional model magnifies only 10 times. The lens is capable of enlarging the image of a one-meter-tall child standing about 50 meters from the camera. ***Furthermore*** , it is equipped with a sensitive microphone that can clearly capture the sound of distant voices. The sensitivity of the microphone has *also* significantly improved. A function that lets you send the video by e-mail is one of the new features. The compactness and lightness are the same as the conventional model.

（訳）

　マグフリック社は、対象を25倍に拡大できる光学用レンズを採用した新しいデジタルビデオレコーダーのマグ・スター082の販売を開始した。比べて従来モデルは15倍しか拡大できない。このレンズはレコーダーから50メートル離れた、背が1メートルの子供の画像を拡大することも可能である。さらに、このレコーダーには感度が高いマイクが搭載されているため、遠くの声も明確に拾うことができる。この感度も大幅に改善されている。新しい機能の1つは、映像をEメールで送ることができることだ。小型で軽量であるのは従来モデルと変わりない。

❺ 帰納法アプローチ（Induction approach）

伝えたい内容：市場調査内容

調査結果１

■ **Teenage girls hated the new product, while they love the conventional more technically inferior product.**
　（10代の女子は従来の技術的に劣る製品が大好きな一方で、新製品がまったく気に入らなかった）

調査結果２

■ **Conventional model is more fashionable, colorful and cheaper.**
　（従来モデルはもっとファッション性が高く、カラフルで安い）

２つの事実から以下の結論が導き出される

⬇

結論

Design is important to teenage girls when choosing products.
　（10代の女子が製品を選ぶとき、デザインが重要である）

つなぎ言葉を使って内容をつなげる

⬇

I found that most teenage girls hated the new and technically up-graded digital video recorder. ***Contrary***

to expectations most of them seemed to love the conventional model which put more emphasis on the design than the technical capabilities. I ***also*** found that ***when*** they choose products in the same price range, they buy the more fashionable ones regardless of the technical aspects. ***From these facts***, I induce that design and color might play important roles when teenage girls choose products.

(訳)
　10代の女子の大部分は、技術的に最新化されたデジタルビデオレコーダーを好まなかった。期待に反して、彼女たちのほとんどが、技術よりもデザインに焦点を当てた従来モデルを大変気に入っていた。また、これらの製品が同じ値段であった場合、彼女たちは技術的な部分に関係なくファッション性が高いものを選択することがわかった。これらの事実から、10代の女子の製品選択において、デザインと色は重要な役割を果たすと考えられる。

❻ 演繹法アプローチ（Deduction approach）

伝えたい内容：市場調査内容

結果

Design and color are important to teenage girls when choosing products.
（10代の女子が製品を選ぶとき、デザインが重要である）

結果から以下のことが推測される

⬇

推測1

Teenage girls will not like the new product, while they love the conventional product.
（10代の女子は従来の技術的に劣る製品が大好きな一方で、新製品がまったく気に入らないだろう）

推測2

Conventional model is considered more fashionable.
（従来モデルはもっとファッション性が高いと考えられている）

つなぎ言葉を使って内容をつなげる

⬇

Design and color play important roles when teenage girls choose products. I believe that most teenage girls will not like the new and technically upgrated digital video recorder. *On the other hand*, most of them seemed to love the conventional model which put more emphasis on the design than the technical capabilities. I *also* suspect that *when* they choose products in the same price range, they will buy the more fashionable ones regardless of the technical aspects.

(訳)

　10代の女子の製品選択において、デザインと色は重要な役割を果たしている。10代の女子の大部分は技術的に最新化されたデジタルビデオレコーダーをまったく好まないと思われる。一方で、彼女たちのほとんどが、技術よりもデザインに焦点を当てた従来モデルを大変気に入っている。また、これらの製品が同じ値段であった場合、彼女たちは技術的な部分に関係なくファッション性が高いものを選択すると推測される。

著者プロフィール　Author Profiles

安達 洋（あだち・ひろし）
Hiroshi Adachi

1964年生まれ。中央大学法学部法律学科卒業後、繊維商社を経て、外資系医療機器商社で、プロダクトマネジャーなどを務める。その後、コロンビア大学大学院へ進学、修士課程（英語教授法）を修了。現在は企業研修講師集団ラーナーズジムを主宰し、東証一部上場企業をはじめとする多くの企業で社員向け英語教育に従事。主な著者に『英語「格差」社会の飛び越え方』（扶桑社）、『日産を甦らせた英語』（光文社）、『ビジネス英語＜短期戦略＞マネジメント』（光文社新書）など。
ブログ　安達 洋の企業研修レポート
http://ashitawahareruyo.blog.ocn.ne.jp/

岩崎 ゆり子（いわさき・ゆりこ）
Yuriko Iwasaki

米国マサチューセッツ州ハンプシャーカレッジ卒業。外資系ホテルを経て、翻訳会社でプロダクトマネージャーなどを務める。現在ラーナーズジム提携講師。TOEICの指導およびサービス業における英会話研修に定評がある。また、フォニックスを使った児童英語教育を実施している。その他通訳・翻訳の実績多数。TOEIC990点、国連英検A級。安達 洋氏との共著に『レストランの接客英語』（ナツメ社）、『これならできる TOEIC テスト目標350点』（明日香出版社）などがある。

CD制作：
株式会社東京録音

CD制作協力：
キャプラン株式会社 J プレゼンスアカデミー
事業グループ

CDナレーション：
ジェフリー・ハッシュ（Geoffrey Hash）
ジル・ガーデン（Jill Gerden）

視覚障害その他の理由で活字のままでこの本を利用出来ない人のために、営利を目的とする場合を除き「録音図書」「点字図書」「拡大図書」等の製作をすることを認めます。その際は著作権者、または、出版社までご連絡ください。

海外経験ゼロでも話せるようになる
１日５分ビジネス英語トレーニング

2011年 3月 8日　　初版発行
2012年10月11日　　　3刷発行

著　者	安達　洋
	岩崎ゆり子
発行者	野村直克
発行所	総合法令出版株式会社
	〒107-0052
	東京都港区赤坂1-9-15
	日本自転車会館２号館７階
	電話　03-3584-9821（代）
	振替　00140-0-69059
印刷・製本	中央精版印刷株式会社

©Hiroshi Adachi,Yuriko Iwasaki 2011 Printed in Japan
ISBN978-4-86280-245-3
落丁・乱丁本はお取替えいたします。
総合法令出版ホームページ　http://www.horei.com/

本書の表紙、写真、イラスト、本文はすべて著作権法で保護されています。
著作権法で定められた例外を除き、これらを許諾なしに複写、コピー、印刷物
やインターネットのWebサイト、メール等に転載することは違法となります。

総合法令出版好評既刊

TOEIC対策にも使える
1日5分ビジネス英単語トレーニング

安達 洋　岩崎ゆり子[著]

四六判　並製　　　　定価(本体1800円+税)

好評『1日5分ビジネス英語トレーニング』シリーズ第2弾。ビジネス上のコミュニケーションを円滑にする英単語 690 語を厳選し、豊富な短文・長文を通じて英単語をインプットすることができる。第1弾同様、付属CD(2枚)には2倍速と標準スピード音声を収録。また、各単語には発音記号およびネイティブ発音を正確に再現した著者オリジナル手法によるカタカナ読みを併記。忙しいビジネスパーソンがスキマ時間を使って効率よくボキャブラリーを増やすのに最適と言える。

総合法令出版好評既刊

スティーブ・ジョブズから学ぶ
実践英語トレーニング

安達 洋　渋谷奈津子[著]

四六判　並製	定価(本体1700円+税)

スティーブ・ジョブズが残した数々のプレゼンテーション、スピーチ、インタビューなどから珠玉のメッセージを約60、原文のまま引用して日本語訳も掲載。英語初級者向けに詳しい文法的解説を加えたほか、中級者以上にも役立つ応用表現例を多数掲載して、読者がジョブズ流の表現やロジックを自分のものにできるようにしている。また付属CD（2枚）には、本書に掲載したすべてのジョブズの言葉と応用表現をカバーしたネイティブスピーカーによる朗読を、ノーマルスピード及びリスニング力強化に有効な2倍速音声で収録。